Kurt Bangert

Kinderarmut
In Deutschland und weltweit

SCM Hänssler

SCM

Stiftung Christliche Medien

Bestell-Nr. 395.253
ISBN 978-3-7751-5253-2

© Copyright der deutschen Ausgabe 2010 by
SCM Hänssler im SCM-Verlag GmbH & Co. KG · 71088 Holzgerlingen
Internet: www.scm-haenssler.de
E-Mail: info@scm-haenssler.de
Umschlaggestaltung: Jens Vogelsang, Aachen
Titelbilder: © World Vision
Satz: typoscript GmbH, Walddorfhäslach
Druck und Bindung: CPI – Ebner & Spiegel, Ulm
Printed in Germany

Die Bibelverse sind folgender Ausgabe entnommen:
Lutherbibel, revidierter Text 1984, durchgesehene Ausgabe in neuer
Rechtschreibung 2006, © 1999 Deutsche Bibelgesellschaft, Stuttgart

Inhalt

Kurz und bündig

Geht es Ihnen nicht auch so? Über manch einen Themenbereich würde man gerne als Normalbürger Bescheid wissen (oder muss es vielleicht sogar). Doch was die Fachleute schreiben, ist im Normalfall zu kompliziert und zu umfangreich. Wer hat schon Zeit, sich in jedes Thema wochenlang einzuarbeiten!?

Hier wollen wir Hilfestellung leisten. In *Hänssler kurz und bündig* geben Fachleute, die sich mit einem Thema schon seit Jahren intensiv beschäftigen, kurz und verständlich einen Überblick über das, was man wissen muss, wenn man Bescheid wissen will und mitreden können möchte.

Dabei enthält jeder Band der Reihe *Hänssler kurz und bündig* die folgenden Elemente:

- Fakten und Basisinformationen
- die Diskussion kontroverser Fragen
- praktische Hilfen und Hinweise zum Weiterarbeiten

All das ist so angelegt, dass der Leser sich in zwei bis drei Stunden (also etwa statt des Abendkrimis oder auf einer Zugfahrt) ein Thema in seinen Grundlagen aneignen kann. Die Anwendung im Leben oder das anschließende Gespräch mit anderen wird dann aber sicher etwas länger dauern ...

Ich würde mir wünschen, dass dieser kleine Band Ihren Horizont erweitern kann und die Informationen liefert, die Sie suchen.

Thomas Schirrmacher

Vorwort des Herausgebers

Wir alle finden Kinderarmut schrecklich, gleich ob bei uns oder in weit entfernten Ländern. Kinder sollten nicht hungern müssen, sondern warme Beziehungen zu ihrer Familie und viel Raum zum Kindsein und Spielen haben und sich durch altersgerechte Bildung auf das spätere Leben vorbereiten können. Und wir alle wissen, dass gesundheitliche und psychische Schäden in der Kindheit lebenslange Folgen haben.

Kinderarbeit, Straßenkinder, Kindersklaverei, Kindersoldaten, Kindesmissbrauch, Kinderpornografie, all das gehört zum Schrecklichsten, was wir kennen, und es gibt kaum etwas, dass moralisch so eindeutig von allen verurteilt wird. Schreckensmeldungen zum Thema haben einen hohen Aufmerksamkeitswert, und Spendenbriefe, die wir für arme Kinder etwa in Afrika sammeln, erzielen mit die höchsten Spendeneinnahmen.

Dem allem steht aber eine erstaunliche Ahnungslosigkeit gegenüber, wenn es um die Ausbreitung und Formen der Kinderarmut geht. Doch wenn Sie uns zwei Stunden Zeit widmen, können Sie sich einen guten Überblick verschaffen, der ihnen hilft, Nachrichten und erschütternde Bilder in Zukunft besser einordnen zu können.

Mit Kurt Bangert haben wir einen ausgewiesenen Experten verpflichten können. Im Rahmen des international tätigen Kinderhilfswerkes World Vision hat er auf allen Kontinenten vor Ort Hilfe für Kinder organisiert. Später kam dann im Rahmen eines Forschungsinstituts desselben Hilfswerkes verstärkt die Beschäftigung mit der weltweiten Lage hinzu. Da World Vision 2007 und 2010 auch die große Studie ›Kinder in Deutschland‹ in Auftrag gegeben hat, kommt auch das Wissen über die Lage in Deutschland nicht zu kurz.

Ich wünsche uns, dass das Buch unser aller Herzen für die Kinder öffnet, von denen in diesem Buch die Rede ist.

Thomas Schirrmacher

I. | Kinderarmut – was ist das?

Kinderarmut ist derzeit in aller Munde. Denn: Kinderarmut ist nicht länger ein Phänomen der Entwicklungsländer; Kinderarmut hat Deutschland erreicht. Was man für einen Wohlstandsstaat wie die Bundesrepublik lange nicht für möglich gehalten hatte, ist heute Fakt: Es gibt Kinder in Deutschland, die am Rande des Existenzminimums leben und die wegen ihrer Armut ausgegrenzt und diskriminiert werden; ja es gibt sogar Kinder, die hungern – mitten in Deutschland! Man mag es nicht glauben, aber es ist so.

Gewiss: Deutsche Kinderarmut ist immer noch etwas anderes als Kinderarmut in anderen Teilen der Welt, weshalb deutsche Kinderarmut und weltweite Kinderarmut auch als unterschiedliche Phänomene betrachtet werden müssen. Mag es armen Kindern in Deutschland – gemessen an objektiven Einkommenszahlen – noch besser gehen als vielen armen Kindern in der sogenannten »Dritten Welt«, so macht es doch subjektiv einen großen Unterschied aus, ob ein armes Kind unter gleich armen Kindern aufwächst oder in einer wohlhabenden Gesellschaft, die ihm auf Schritt und Tritt vor Augen führt, wie arm es selbst dran ist. Im letzten Fall ist die »gefühlte Armut« oft schlimmer und schmerzhafter als die objektive Armut. Weil es sich aber bei der Kinderarmut um unterschiedliche Phänomene handelt, werden hier die deutsche und die weltweite Kinderarmut getrennt eingeführt.

1. Kinderarmut in Deutschland

14 Prozent der deutschen Kinder sind arm. Das geht aus dem Kinderreport des Deutschen Kinderhilfswerks hervor.[1] Dieser Prozentsatz entspricht dem, was jüngst eine Studie des Deut-

schen Instituts für Wirtschaftsforschung (DIW) herausfand, wonach 14 Prozent der deutschen Bevölkerung als arm gelten.[2] Dieser Anteil habe sich, so die Experten, innerhalb von zehn Jahren von 10 auf 14 Prozent erhöht. Wir haben also im letzten Jahrzehnt eine deutliche Verschärfung der Armutssituation in Deutschland erlebt. 11,5 Millionen Deutsche liegen heute mit dem ihnen zur Verfügung stehenden Einkommen unterhalb der Armutsgrenze.

Die Armutsgrenze wird in Deutschland meist so berechnet, dass derjenige, der weniger als 50 Prozent des deutschen Durchschnittseinkommens[3] zur Verfügung hat, als »arm« gilt. Die EU setzt die Grenze bei 60 Prozent des Durchschnittseinkommens und nennt diese Grenze die »Armutsrisikoschwelle«. Da die Deutschen im Durchschnitt (2010) rund 1 500 Euro im Monat zur Verfügung haben, unterliegt ein Bundesbürger, der monatlich nur 900 Euro oder weniger hat, einem Armutsrisiko. Wer nur 750 Euro Einkommen und weniger bekommt, gilt als arm.

Rund 2,5 Millionen deutsche Kinder sind arm. Doch was heißt das? Zunächst einmal, dass es für diese Kinder meist nur 200 bis 300 Euro Sozialgeld im Monat gibt. Diese Kinder leben in Familien, die oft chronische finanzielle Schwierigkeiten haben und ihren Sprösslingen vieles vorenthalten müssen, was für Normalverdiener selbstverständlich ist. Es fehlt nicht selten an Taschengeld, Kinogeld, sogar an Geld für ein Pausenbrot für die Schule. Und häufig gehen noch schlimmere Probleme mit der Armut einher: Mangel an Stabilität und Geborgenheit in der Familie, Vernachlässigung und Verwahrlosung, körperliche und seelische Gewalt, Defizite bei der Sprachentwicklung, Versagen in der Schule, Schulabbruch, mangelnde Ausbildung und die Angst vor einem Leben am Rande der Gesellschaft.

»Kinder in ›relativer Armut‹ sind Kinder, die mit leerem Magen und ohne Pausenbrot in den Kindergarten oder die Schule geschickt werden«, meint Huberta von Voss, »die keine Spielsachen haben, die sie motorisch oder sensorisch fördern;

denen nicht vorgelesen wird, weil die ›Bildungsferne‹ ihrer Elternhäuser bedeutet, dass selbst der Gang zur Stadtbibliothek gescheut wird. Es sind Kinder, in deren Wohnung Tag und Nacht der Fernseher läuft und ihnen eine Welt zeigt, in der sie nie wohnen werden; es sind Kinder, mit denen niemand die Hausaufgaben erledigt; denen Ruhe fehlt; deren Eltern vergessen haben, dass Kinder Vorbilder brauchen, an denen sie sich orientieren können; Kinder, die nicht damit rechnen können, dass ihnen jemand das Selbstvertrauen stärkt, wenn sie Niederlagen einstecken müssen; die zur Härte erzogen werden und später nicht mehr weich sein können. Kinder, die mit abgetragener Kleidung vorliebnehmen müssen, die in verwahrlosten Wohnungen hausen, in denen regelmäßig der Strom und das Gas abgedreht werden, weil ihre Eltern die Schulden nicht mehr bedienen können ... Es sind Kinder, denen die Welt offenstehen sollte, die aber in Wahrheit draußen vor der Tür stehen und dort auch bleiben werden.«[4]

Huberta von Voss, die über das Berliner Kinder- und Jugendwerk »Arche« berichtet, erzählt von der kleinen Katja, der sie eines Nachmittags ein belegtes Brötchen kauft, nachdem sie festgestellt hat, dass Katja den ganzen Tag über noch nichts gegessen hat. Weil die Betreuer herausfinden, dass Katja schon seit Tagen an einer unbehandelten Ohrenentzündung leidet, wird ihre Mutter gerufen, um sie zum Arzt zu bringen. Als ihre alkoholisierte Mutter Katja abholt, fragt das Mädchen ihre Mama, ob sie das Brötchen noch aufessen dürfe – eine Frage, die Huberta von Voss merkwürdig findet. »Wie oft mag Katja schon mit quälendem Hunger in der Schule gesessen und vergeblich versucht haben, sich zu konzentrieren?«[5] Was werden die Lehrer auf Katjas Zeugnis schreiben, sinniert von Voss: »Katja ist unkonzentriert und kommt im Unterricht nicht gut mit« oder »Mit einem leeren Magen kann niemand lernen«?[6]

Dass sich Familien aus der sogenannten »Unterschicht« nicht den aktuellsten Computer, ein fabrikneues Auto oder im Urlaub eine Fernreise leisten können, daran haben sie sich gewöhnt und können damit einigermaßen zurechtkommen. Aber dass eine Hartz IV-Familie für das Essen pro Person nur vier Euro am Tag zur Verfügung hat, das tut wirklich weh. »Dass Kinder in Deutschland Hunger leiden, ist eine unerträgliche Vorstellung«, meint Ulrike Meyer-Timpe[7], die ein Buch über die Armut von deutschen Kindern geschrieben hat und die befürchtet, dass Deutschland seine Zukunft verspielt, wenn wir das Problem der Kinderarmut nicht in den Griff bekommen. Hungernde Kinder entsprechen jedenfalls nicht dem, was wir von einem Staat erwarten, der sich zur »sozialen« Marktwirtschaft bekennt.

Besonders gefährdet sind Kinder von alleinerziehenden Müttern oder Vätern sowie von Familien, die von Arbeitslosigkeit, Krankheit oder Alkoholismus geprägt sind. »In allen diesen Familien bemühen sich die Eltern um ihre Kinder«, beobachtet Irina Bohn, die Kinderarmut im Taunus untersucht hat, »dennoch lässt sich eindeutig sagen, dass diese Kinder mit erheblichen Benachteiligungen ins Leben gehen und hohen psychosozialen Belastungen ausgesetzt sind.«[8] Bohn stellte beispielsweise fest, dass Kinder aus diesen Familien in der Winterzeit im Kindergarten nicht angemessen gekleidet sind und dass sie auch sonst materiell schlechter ausgestattet sind als die aus anderen Verhältnissen. Während Mittelschichtfamilien meist Wert auf ausgewogene Ernährung legen, hatten Kinder aus armen Familien allenfalls Süßigkeiten oder Fast Food dabei. Schlimmer noch: »Viele Kinder hatten motorische, insbesondere feinmotorische Defizite und ihre Sprachentwicklung lag hinter derjenigen der Kinder aus Lebensverhältnissen des Wohlstands zurück.«[9] Die Probleme setzen sich in der Schule fort, wo viele Kinder aus »prekären« Familienverhältnissen Lern- und Verhaltensprobleme aufweisen, die sich teilweise gegenseitig bedingen und verstärken.

Arme Kinder, so Irina Bohn, »hatten in ihren Familien generell weniger Unterstützung ... insbesondere beim Ausgleich bereits bestehender Lernlücken.«[10] Leider scheinen die Schulen auch nicht in der Lage zu sein, die Defizite benachteiligter Kinder und Jugendlicher auszugleichen. Vielmehr seien sie offenbar mehr darum bemüht, diese Kinder auszusondern und in anderen Schulen unterzubringen, als sie durch geeignete Maßnahmen ans Klassenniveau heranzuführen. »Es wurde durchaus mehr Zeit darauf verwendet, Lerndefizite nachzuweisen, als die Kinder gezielt zu fördern.«[11]

Damit ist die Zukunft armer Kinder weitgehend vorgezeichnet: Statt besonders gefördert und gefordert zu werden, werden sie ausgegrenzt, abgekoppelt, aufgegeben und letztlich sich selbst überlassen. Wer arm ist, bleibt arm. Und weil sich die Gesellschaft nur in Ausnahmefällen um diese Kinder kümmert, ihre Existenz weitgehend ignoriert und keinen Ausgleich möglich macht, erhöhen diese vernachlässigten Kinder das Prekariat (Unterschicht) der Zukunft und stellen auch für die Volkswirtschaft eine Hypothek dar. Nicht wenige dieser Kinder, die für einen qualifizierten Job ungeeignet sind, landen bei Hartz IV oder gar im Kriminellenmilieu. Sie liegen Vater Staat und dem Steuerzahler auf der Tasche. Besser wäre es, den Hebel frühzeitig anzusetzen, die staatlichen Gelder zeitiger, sinnstiftender und zukunftsorientierter einzusetzen sowie den gefährdeten Kindern durch geeignete Nachhilfe, Zusatzschulung und Fortbildung eine echte Chance fürs Leben zu geben.

2. Kinderarmut weltweit

So skandalös und unerträglich die Kinderarmut hierzulande ist – die Armut von Kindern in Entwicklungsländern ist zweifellos noch dramatischer und extremer. Wo es kein soziales Netz gibt, da wird solchen Kindern oft das Allernotwendigste vorenthalten.

Armut in Afrika, Asien oder Lateinamerika ist grundsätzlich von anderer Dimension als Armut bei uns. Amadou Sou aus Guinea gibt ein anschauliches Beispiel dafür, was es heißen kann, arm zu sein: Ein Mann, dessen kleine Tochter schwer krank ist, muss alle seine Ersparnisse ausgeben, um die lange Busreise ins entlegene Krankenhaus zu bezahlen und obendrein die teure Medizin für die Tochter zu kaufen, da es keine allgemeine Krankenversicherung gibt. Weil er aber kein Geld mehr für die Rückreise hat und nun den beschwerlichen Heimweg zu Fuß zurücklegen muss, stirbt sein Töchterchen in seinen Armen, noch bevor sie zu Hause ankommen. Dies illustriert, dass Armut in einem armen Land oft den Tod bedeutet.[12]

Ja, Armut in Entwicklungsländern kann tödlich sein. Einer der wichtigsten Indikatoren der Armut ist die niedrige Lebenserwartung und die hohe Kindersterblichkeit.

Gewiss: Armut und Hunger sind in erster Linie keine statistischen Kennziffern, sondern unterliegen der subjektiven Erfahrung des einzelnen Kindes. Armut wird erlebt, empfunden, erlitten. Armut wird oft als unabwendbares Schicksal wahrgenommen: von Männern, Frauen und Kindern. Ein Kind, das hungert, ist nicht nur anfällig für Infektionen und Krankheiten, es kann sich des Lebens nicht recht erfreuen, kann sich in der Schule nicht konzentrieren; ein solches Kind leidet an sich selbst und an der Welt. Armut ist also zuerst eine Leidenserfahrung.

Dennoch: Armut ist nicht nur ein subjektives, individuelles, sondern auch ein gesellschaftspolitisches Problem, ein globalpolitisches und ein statistisches. Armut lässt sich in Zahlen ausdrücken. In erdrückenden Zahlen. Aber selbst wenn sie erdrückend sind, wollen wir sie uns hier einmal zumuten:

- Mehr als 600 Millionen Kinder weltweit müssen mit einem Euro oder weniger am Tag auskommen; sie gelten als absolut arm.
- Rund 150 Millionen Kinder sind unterernährt und leiden oft Hunger.

- Fast 9 Millionen Kinder sterben jährlich an vermeidbaren Krankheiten, noch bevor sie ihren fünften Geburtstag erreicht haben. Das sind 1 000 Kinder in der Stunde.
- Rund 130 Millionen Kinder zwischen 7 und 18 Jahren haben noch nie eine Schule besucht.
- Rund 500 Millionen Kinder haben keine Toilette in Reichweite.
- Rund 350 Millionen Kinder müssen mehr als fünfzehn Minuten laufen, um Wasser zu holen, oder haben nur Zugang zu unsauberem Oberflächenwasser (Flusswasser, Teiche oder Wasserlöcher).
- Rund 250 Millionen Kinder sind nicht gegen Kinderkrankheiten geimpft.
- Rund 500 Millionen Kinder müssen sich mit noch mindestens vier weiteren Personen ein Zimmer teilen.
- Rund 500 Millionen Kinder haben zu Hause keinen Zugang zu Radio, Fernsehen, Telefon, Internet oder Zeitung.

Armut hat aber nicht nur mit Nahrungsmittelversorgung, Gesundheitsversorgung, Wasserversorgung, mit mangelnder Bildung, beengtem Wohnraum und fehlendem Zugang zu Informationen zu tun. Armut ist auch eine der Ursachen für Kriege und bewaffnete Konflikte, in die immer wieder Kinder ungewollt mit hineingezogen werden und unter denen sie leiden: als Heimatvertriebene, Flüchtlinge, Obdachlose, Verletzte, Behinderte, Verwaiste, Traumatisierte. Armut führt dazu, dass Kinder oft schon mit acht oder neun Jahren als Soldaten rekrutiert werden, um die Kämpfe der Erwachsenen zu kämpfen. In diesen kriegerischen Auseinandersetzungen geht es um ethnische Konflikte, um Zugang zu Bodenschätzen und um Geld und Macht. Armut ist der Grund dafür, dass Kinder, statt zur Schule zu gehen, sich als Tagelöhner verdingen, zur Kinderarbeit genötigt werden oder als Straßenverkäufer und Straßenkinder ihr Leben fristen.

Armut ist auch der Grund, weshalb Naturkatastrophen in Entwicklungsländern gerade unter den Armen so verheerende

Auswirkungen haben. In Industriestaaten verursachen Wirbelstürme und Erdbeben oft große materielle Schäden, aber nur begrenzt Personenschäden. In armen Ländern ist es umgekehrt: Weil die Menschen hier weniger besitzen, gibt es relativ geringe materielle Schäden; dafür kommen viele Hunderttausende von Menschen zu Tode, weil sie sich nur unzureichend vor den Auswirkungen der Naturereignisse schützen können und es kaum eine wirksame Katastrophenvorsorge gibt. Auch wenn die Menschen die Katastrophe überleben, bleiben sie in höchstem Maße gefährdet. Denn selbst wenn ihr Hab und Gut nur wenig wert war, wird ihnen das wenige nie oder nur selten ersetzt, da sie sich keine Versicherungen leisten können und auch nicht genug verdienen, um das Verlorene zu ersetzen.

Armut ist der Grund, weshalb der Klimawandel die Menschen in Entwicklungsländern härter trifft als Menschen in wohlhabenden Staaten. Gegen Hitze und Hochwasser können sich industrialisierte Menschen durch Klimaanlagen und Deiche schützen. In weniger fortschrittlichen Ländern sind die Menschen den Folgen der Klimaerwärmung meist ungeschützt ausgeliefert.

Die in vielen Ländern fehlenden sozialen Sicherungsnetze führen immer öfter dazu, dass Kinder, deren Eltern nach Katastrophen, Kriegen oder durch die Immunschwäche AIDS verstarben, sich selbst überlassen bleiben. »Kindgeführte Haushalte« ist die Bezeichnung für dieses Phänomen (siehe S. 67).Millionen von afrikanischen Kindern müssen sich so durchs junge Leben schlagen.

Armut und AIDS bedingen einander. Allein zwischen 2005 und 2007 starben mehr als 1,2 Millionen Kinder an den Folgen von AIDS,[13] und täglich infizieren sich 3 000 junge Menschen neu mit dem Virus, viele davon bei ihren HIV-infizierten Müttern: entweder schon im Mutterleib oder kurz nach der Geburt. Meist wurden diese Mütter von ihren Männern angesteckt. Um die Gefahren und Auswirkungen von HIV und AIDS besser zu verstehen, bedarf es der Aufklärung und der Bildung. Doch rund 40 Prozent der Kinder aus dem subsaharischen Afrika (Schwarzafrika) besuchen nicht einmal eine Grundschule.

Dieses Problem wird sich im subsaharischen Afrika so schnell nicht wesentlich verbessern. Denn 860 000 Kinder haben in Afrika bereits ihre Lehrer durch HIV/AIDS verloren. In Sambia starben in einem einzigen Jahr mehr als 1 300 Lehrerinnen und Lehrer an AIDS.[14] Wie soll die Schulbildung verbessert werden, wenn die Lehrer wegsterben?

Armut ist auch ein Grund, weshalb Kinder nicht ausreichend über Kinderrechte, Gesundheitsrisiken, HIV/AIDS und andere sexuelle Risiken informiert oder über die Gefahren körperlichen, psychischen und sexuellen Missbrauchs aufgeklärt werden. Und weil ihnen diese wichtigen Informationen vorenthalten bleiben, fallen sie erwachsenen Tätern leichter zum Opfer. Armut und mangelnde Bildung sind der Grund, weshalb Mädchen Opfer von Vergewaltigung und Genitalverstümmelung werden. Wer klärt sie darüber auf, dass sie sich sexueller Übergriffe erwehren dürfen und dass sie ein Recht auf sexuelle Unversehrtheit haben? Die meisten Kinder wissen auch nicht, dass sie in Angelegenheiten, die sie selbst betreffen, um ihre Meinung gefragt werden müssen und man ihre Zustimmung einholen sollte. Armut und Unwissenheit bilden einen Teufelskreis. Wer arm ist, ist schlecht informiert; und wer schlecht informiert ist, bleibt arm.

3. Ursachen der Kinderarmut in Deutschland

Armut hat viele Ursachen. Auch Kinderarmut ist ein vielschichtiges und multidimensionales Phänomen. Ursachen, Symptome und Folgen der Armut bedingen und verstärken sich oft gegenseitig (siehe dazu Kapitel 5 über den Teufelskreis der Armut). Überdies ist Armut oft das Ergebnis eines Zusammenspiels von ungünstigen makroökonomischen (globalwirtschaftlichen) Rahmenbedingungen (wie Konjunktur, Wirtschaftsentwicklung oder Finanzkrise) und unvorteilhaften inneren Einstellungen sowie milieu-bedingten Konditionierungen (wie mangelndes Selbstbewusstsein, unzureichende Information oder fehlende Antriebskraft). Schauen wir uns beide Ursachenkomplexe einmal näher an.

Makroökonomische Ursachen von Armut in Deutschland

Zweifellos: Die wichtigste und offensichtlichste makroökonomische Ursache von Armut und Kinderarmut in Deutschland ist Arbeitslosigkeit. Das kann man statistisch gut nachvollziehen. 1967, also vor mehr als vierzig Jahren, stieg die Arbeitslosenrate erstmals seit der Nachkriegszeit auf über ein Prozent, was damals geradezu als nationale Katastrophe empfunden wurde, weil man bis zu jenem Zeitpunkt fast nur die Vollbeschäftigung mit stetig steigenden Löhnen kannte. Heute freuen wir uns schon darüber, wenn die Arbeitslosenquote auf unter 10 Prozent sinkt. Mit dem Zuwachs der Arbeitslosigkeit explodierte auch die Kinderarmut. 1980 gab es in der damaligen Bundesrepublik rund 250 000 Kinder, die von der Sozialhilfe lebten, 1991 waren es bereits 627 000. Diese Zahl hat sich inzwischen auf mehr als zwei Millionen verdreifacht.[15]

Aber es wäre zu einfach gedacht, wollte man als Ursache der Kinderarmut nur die Arbeitslosigkeit benennen. Vielmehr gibt es eine Reihe makroökonomischer Ursachen, die der Arbeitslosigkeit zugrunde liegen:

1. *Überproduktivität*: Produktivitätssteigerungen haben es über die Jahrzehnte hinweg ermöglicht, mehr Güter mit immer weniger Personal herzustellen, was fraglos zu mehr Arbeitslosigkeit geführt hat.

2. *Rationalisierung:* Computerisierung und Automatisierung haben menschliche Arbeit ersetzt; hinzu kamen Unternehmensverschlankungen *(Downsizing)*, Auslagerung von Teilproduktionen *(Outsourcing)* sowie Umorganisation *(Reengineering)*, was zusätzlich zu Entlassungen und zur Arbeitslosigkeit geführt hat.

3. *Die Globalisierung der Arbeit:* Produktionsstätten wurden in Billiglohnländer verlegt, gleichzeitig billige Arbeitskräfte aus dem Ausland (Türkei, Osteuropa usw.) angeheuert; diese Effekte wirken sich dann besonders negativ aus, wenn keine Vollbeschäftigung vorliegt. Sie führten zu niedrigen Löhnen und zur Arbeitslosigkeit.

4. *Die Konkurrenz auf dem Weltmarkt:* Die aufstrebenden Schwellenländer erhöhen den Druck auf unsere Wirtschaft und machen mit ihren Produkten unseren Firmen Konkurrenz: so die »Tigerstaaten« Südostasiens oder die neuen Wirtschaftsgiganten China und Indien. Was andere Länder besser und billiger herstellen können, schafft hierzulande Arbeitslosigkeit.

5. *Shareholder Value:* Weil Anleger und Aktionäre ihr Geld – es handelt sich um viele Billionen – gewinnbringend anlegen wollen, ergreifen Unternehmensmanager, um den *shareholder value* ihrer Firmen zu steigern und die Aktionäre zufriedenzustellen, »gewinnbringende Maßnahmen« wie Lohnsenkungen, Kurzarbeit, Entlassungen – womit sie zusätzlich zur Arbeitslosigkeit beitragen, deren Kosten Staat und Steuerzahler aufgebürdet werden.

6. *Die Begrenztheit des Marktes:* Gäbe es einen unbegrenzten Markt und eine ständig wachsende Wirtschaft, könnte eine innovative Wirtschaft wie die deutsche daraus Kapital schlagen und so die Arbeitsmarktsituation verbessern. Doch unbegrenzt ist weder der Markt noch das Wirtschaftswachstum. Hoch entwickelte Länder können heute unter günstigsten Bedingungen allenfalls auf ein Wachstum von 1 bis 3 Prozent hoffen.

Gesellschaftliche (links) und individuelle (rechts) Gründe, die von den EU-Bürgern (in Prozent) als Ursache für Armut und soziale Ausgrenzung genannt werden. Es durften je zwei Gründe angegeben werden. Quelle: EU-Barometer für Armut und soziale Ausgrenzung 2009. Grafik: Landesagentur für Struktur und Arbeit Brandenburg GmbH (LASA). Abdruck mit freundl. Genehmigung der LASA.

Individuelle Ursachen der Armut in Deutschland

Natürlich gibt es nicht nur diese makroökonomischen Ursachen der Arbeitslosigkeit, sondern auch Gründe, die ganz im persönlichen Bereich liegen oder dem jeweiligen sozialökonomischen Milieu zugeschrieben werden müssen. Diese Gründe sind schwieriger zu identifizieren als die wirtschaftlichen Ursachen, zumal schon ihre bloße Benennung den Verdacht der Diskriminierung auf sich zieht.

Wer etwa – wie FDP-Chef Guido Westerwelle – den Missbrauch staatlicher Leistungen durch Hartz IV-Bezieher anprangert, wird sich schnell vorwerfen lassen müssen, die Armen pauschal zu diskriminieren. Was ist überhaupt Faulheit? Was ihre Ursache? Wie hängen Perspektivlosigkeit und Antriebslosigkeit zusammen? Was ist mit Kindern, denen im Elternhaus kaum Perspektiven, Visionen, Chancen und Zukunftsaussichten vermittelt wurden? Was läuft schief, wenn eine Gesellschaft nicht mehr in der Lage ist, jungen Menschen aus armen Verhältnissen eine Chance auf gesellschaftliche und wirtschaftliche Teilhabe zu geben, weil arm bleibt, wer aus armen Verhältnissen kommt?

Keine Frage: Wir dürfen Jugendliche und junge Erwachsene nicht vorschnell der Faulheit oder des Schmarotzertums bezichtigen, wenn deren Umfeld ihnen keine guten Voraussetzungen geboten hat, um sich im harten Überlebenskampf einer Marktwirtschaft zu behaupten, der das Adjektiv »sozial« abhandenzukommen droht. Es ist leichter zu diskriminieren, als allen Jugendlichen eine faire Chance zu geben.

Dennoch: Selbst auf die Gefahr hin, uns diesen Vorwurf der Diskriminierung einzuhandeln, wollen wir hier einige persönliche Ursachen für Armut benennen. Denn neben den makroökonomischen Ursachen gibt es nun mal auch persönliche – oder sollten wir sagen: milieu-bedingte? – Gründe, die als Ursachen für Kinderarmut in Frage kommen:

1. *Niedriges Bildungsniveau der Eltern:* Das Bildungs- und Ausbildungsniveau der Eltern dürfte einer der wichtigen

Gründe für die Armut der Kinder sein. Eltern mit guter Bildung legen auch für ihre Kinder großen Wert auf Bildung. Eltern ohne gute Bildung hegen für ihre Kinder keine so hohen Erwartungen. Dass die Einstellung zur Bildung Auswirkungen auf das spätere Einkommen der Kinder hat, ist klar.

2. *Eigener Bildungsmangel:* Schlechte schulische Leistungen oder eine fehlende Schulbildung können wesentliche Gründe für spätere Armut sein. Wer einen schlechten Schulabschluss hat oder nicht studiert, hat auf dem Arbeitsmarkt geringere Chancen.

3. *Ausbildungsmangel:* Wer sich selbst nicht um seine Ausbildung kümmert oder, obwohl er sich darum bemüht, keine Lehrstelle bekommt, hat ebenfalls schlechte Karten für die Zukunft. Wer auf eine Lehrstelle verzichtet und nur herumhängt, weil diese Lehrstelle nicht zum Traumberuf führt, sollte wissen, dass die wenigsten Menschen in ihrem erlernten Beruf bleiben, aber dort wichtige Lebensfertigkeiten erlernen, die ihnen auch in anderen Berufen helfen.

4. *Mangelhafte Lesekompetenz:* Wer Spaß am Lesen hat, kann sich über Bücher viel Allgemeinwissen und Kompetenzen aneignen, was ihm bessere Aussichten in der Arbeitswelt eröffnet. Wer nicht lesen kann oder will, hat dagegen schlechtere Aussichten. Damit geht oft einher:

5. *Übermäßiger Medienkonsum:* Fernsehen und Internet können uns wichtige Informationen liefern, die uns auch beruflich weiterbringen; aber einseitiger, übermäßiger und unkontrollierter Medienkonsum stellt eine Gefahr dar, weil er die Eigeninitiative hemmt und den Konsumenten vom realen Leben fernhält.

6. *Mangelndes Selbstvertrauen:* Kinder, die zu Hause wenig Selbstvertrauen vermittelt bekommen, weil sie, statt ermutigt, gelobt und gefördert zu werden, immer nur hören, wie unfähig, inkompetent und faul sie doch seien,

werden Mühe haben, sich im Leben und am Arbeitsplatz zu behaupten.

7. *Alkohol- und Drogenabhängigkeit:* Dass Alkohol und harte Drogen ein Leben ruinieren können, muss nicht näher erläutert werden. Solche Abhängigkeiten führen oft zum Verlust des Arbeitsplatzes, zu Verschuldung und zur Armut.

8. *Missbrauch und Gewalt:* Psychischer oder sexueller Missbrauch von bzw. körperliche oder sexuelle Gewalt an Kindern sind die Ursache für vielfältige psychische Erkrankungen, die lebensuntüchtig und arbeitsunfähig machen.

9. *Zerrüttete Familien:* Zwar kann es auch alleinerziehenden Müttern oder Vätern gelingen, ihre Kinder in einer Weise zu erziehen, die sie befähigt, ihr Leben zu meistern. Aber oft führt das Auseinanderbrechen einer Familie dazu, dass Kinder sich selbst überlassen bleiben und nicht die nötigen Lebensfertigkeiten vermittelt bekommen, um sich in einer Leistungsgesellschaft zu behaupten.

10. *Mangelnde Antriebskraft:* Was motiviert uns, das eigene Leben in die Hand zu nehmen und das Schicksal bei den Hörnern zu packen, statt passiv darauf zu warten, was das Leben uns bietet, als hätten wir einen angeborenen Anspruch darauf, vom Leben und von der Welt belohnt und beglückt zu werden? Um sich den Herausforderungen einer modernen Leistungsgesellschaft zu stellen, bedarf es einer (durchaus spirituell zu nennenden) Selbstreflexion, die den Sinn des Lebens mit der eigenen Verantwortlichkeit für unsere Welt verbindet. Wer zu derlei Nachdenklichkeit nicht angeregt wurde, für den bleibt das Leben ein Naturereignis, dem er sich weitgehend hilflos ausgesetzt sieht.

4. Ursachen der Kinderarmut weltweit

In den Entwicklungsländern sieht die Sache freilich anders aus. Hier hat die Armut teilweise zwar ähnliche Ursachen wie oben beschrieben, teilweise aber auch ganz andere. Wir verzichten in diesem Fall auf die Nennung persönlich-individueller Gründe, die es natürlich dort ebenfalls gibt, aber viel gewichtiger erscheint uns die kulturelle und soziologische Bedingtheit von Armut. Auch in diesen Staaten kommen noch globalökonomische Gründe hinzu, die in einer Zeit der Globalisierung eine immer bedeutendere Rolle spielen. Die nachstehend aufgeführten Ursachen für die Armut in Entwicklungsländern erheben keinen Anspruch auf Vollständigkeit:

1. *Geldmangel:* Wer kein Geld hat, gilt als arm, auch wenn Armut nicht nur eine Sache des Geldes ist. Es gibt Familien und Gesellschaften, die wenig Geld haben, sich aber nicht als arm fühlen, weil sie – vielleicht als Bauern oder Viehhirten – genug zu essen haben. Brauchen sie Geld, verkaufen sie eine Ziege, eine Kuh oder ein Kamel. Andererseits: Wer keinen Zugang zu Land oder Vieh hat, ist fürs Überleben dringend auf Geld angewiesen. Hat er keinen Job und kein florierendes Geschäft oder Handwerk, darbt er.

2. *Der vorindustrielle kulturelle Lebenshintergrund:* Völker, die es seit Generationen gewohnt sind, im ländlichen Raum von Viehhaltung und einer rudimentären Landwirtschaft (»Hortikultur«) zu leben, tun sich schwer, sich auf die Regeln einer modernen, industrialisierten Marktwirtschaft und Leistungsgesellschaft einzustellen. Versuchen sie es dennoch, geraten sie schnell ins Hintertreffen, weil sie die Regeln nicht so gut beherrschen wie wir.

3. *Das Fehlen von Infrastruktur:* Wo es keine Straßen, keine Strom-, Wasser- und Telefonleitungen gibt, keine Züge, Busse, Autos oder Straßenbahnen, noch nicht einmal Rad-

wege, auch keine Schulen, Bibliotheken, Krankenhäuser oder Kinos, da findet einfachstes Leben statt, ohne dass dieses Leben einfach wäre. Im Gegenteil: Da geht es meist um das bloße Überleben. Hier ändern sich die Dinge nicht über Nacht, sondern allenfalls von Generation zu Generation. »Schnelle Entwicklung« findet woanders statt.

4. *Fehlen von sozialen Netzen:* In vielen Ländern gibt es nur unzureichende soziale Sicherungssysteme für die Alten, Arbeitslosen, Alleinerziehenden, Waisen und Behinderten. Natürlich fehlt es den Regierungen oft an Geld dafür, aber zahlreiche Staaten könnten und sollten sehr viel mehr für soziale Zwecke ausgeben, als sie es gegenwärtig tun.

5. *Ein anderer Armuts- und Wohlstandsbegriff:* Menschen in südlichen, ländlichen Kulturen machen ihren Wohlstand oft weniger am Geld fest als vielmehr an der Zahl der Kühe, Ziegen oder Schweine. Oder an der Anzahl der angetrauten Frauen. Diese Gesellschaften haben vielleicht kein fließendes Wasser oder elektrisches Licht und keinen Fernseher, halten sich aber nicht für arm, weil sie reich an Zeit, Kindern, Tieren, Traditionen und überlieferten Geschichten sind, die sie sich abends nach dem Tanzen unter großem Beifall und Gelächter am Lagerfeuer erzählen.

6. *Kriege und bewaffnete Konflikte:* Wo Kriege, Bürgerkriege, Ressourcenkriege, Stammeskriege und andere bewaffnete Konflikte ausgetragen werden, kann keine konstruktive Entwicklung stattfinden. Da werden wirtschaftliche Fortschritte zunichte gemacht sowie Menschen- und Kinderrechte missachtet. Da gehen Kinder oft nicht zur Schule. Da sind Gesellschaften durch Tod, Verletzungen, Behinderungen, Krankheiten und Traumatisierungen gezeichnet. Da wird Armut zementiert.

7. *Schlechte Regierungsführung:* Wenig Chancen im Kampf gegen Armut haben Länder mit Diktaturen, schlechten politischen Rahmenbedingungen, schlechtem Investitionsklima oder mit weitverbreiteter Korruption. Aber auch

Länder mit hohen Haushaltsdefiziten, Zahlungsbilanzdefiziten und Inflationsraten tun sich dabei schwer. Regierungen, die vor allem sich selbst »bedienen« statt für die Verbesserung von Infrastrukturen und der Bildungs- und Gesundheitsdienste zu sorgen, haben ebenfalls wenig Erfolg dabei, die Armut einzudämmen. In einigen Fällen – etwa in Simbabwe – haben korrupte Regierungen aus florierenden Volkswirtschaften Armenhäuser gemacht.

8. *Ungünstige internationale Rahmenbedingungen:* Arme Länder leiden zuweilen an globalen Marktmechanismen, die für sie und ihre Bevölkerungen unvorteilhaft sind: schlechte Wechselkurse, ungünstige Handelsbilanzen, mangelnder Zugang zu Weltmärkten, mangelnde Konkurrenzfähigkeit landwirtschaftlicher Erzeugnisse aufgrund der Subventionierung von Agrarprodukten der Industrieländer, zu billige Preise der eigenen Rohstoffe, untragbare Schuldenlast dank leichtfertig vergebener Kredite, Kaufkraftverluste aufgrund von Spekulationen der Hedgefonds und Investitionsbanken usw.

9. *Klimaveränderungen:* Aufgrund der (vor allem von den Industrie- und Schwellenländern verursachten) globalen Erwärmung kommt es bereits jetzt zu dramatischen Veränderungen des Klimas und der Ökologie in weiten Teilen der Welt: längere und intensivere Dürreperioden in Afrika, Zunahme von Wirbelstürmen und Überschwemmungen, Versalzung von Grundwasser aufgrund des gestiegenen Meeresspiegels usw. Während die Industrie- und Schwellenländer 80 Prozent des Klimawandels verursachen, tragen die Armen 80 Prozent seiner Folgen.

10. *HIV und AIDS-Pandemie:* Die rasche Verbreitung des HI-Virus mit seinen tödlichen Folgen vor allem für die arbeitende Bevölkerung hat zu dramatischen wirtschaftlichen Rückschlägen und zur Untergrabung der wirtschaftlichen Stabilität gerade in Subsahara-Afrika geführt, das durch die Epidemie ins Hintertreffen geraten ist, so dass die in den

letzten fünfzig Jahren erzielten Entwicklungserfolge wieder zunichtegemacht werden. Durch das Wegsterben vieler Millionen arbeitsfähiger Menschen und das Überleben von Millionen nichtbetreuter Waisenkinder steht die Zukunftsfähigkeit ganzer Volkswirtschaften auf dem Spiel.

11. *Turbokapitalismus:* Die Finanzbranche mit ihrem Drang nach schnellen Gewinnen durch hochspekulative Anlagen hat bewirkt, dass die Reichen dank hoher Renditen immer reicher wurden, dass man Arbeitsverhältnisse auf dem Altar der Gewinnmaximierung opferte und spekulationsbedingte Verluste den Volkswirtschaften aufbürdete. Staat und Steuerzahler partizipieren kaum an den spekulativen Gewinnen, wohl aber an ihren Verlusten, wie die Finanzkrise 2008 gezeigt hat. Globale Steuerungsinstrumente sind noch nicht in Sichtweite, und die Schere zwischen arm und reich klafft immer weiter auseinander. Hier besteht dringender Handlungsbedarf!

Wir sehen: Es gibt viele Ursachen für Armut und Kinderarmut in südlichen Ländern. Die Vielfältigkeit der Gründe, die Komplexität der Armutsursachen und der Mechanismus des Armutskreislaufs machen es schwer, der Kinderarmut Herr zu werden.

5. Der Teufelskreis der Armut

Unter dem »Teufelskreis der Armut« oder dem Armutskreislauf verstehen wir die sich gegenseitig bedingenden und verstärkenden Ursachen und Folgen von Armut. Armut ist ein vielschichtiges Problem, das viele Ursachen haben kann und zahlreiche Folgen und Symptome nach sich zieht. Manchmal hat Armut nur eine einzelne Ursache – beispielsweise Arbeitslosigkeit oder eine abgebrochene Schulbildung – aber gleichwohl zahlreiche Konsequenzen. Einige Folgen dieser Armut können als sekundäre Ursachen auftreten und die Armut verstärken, und oft führen sie dazu, dass sich Armut verstetigt.

Wenn durch dieses gegenseitige Bedingen und Verstärken eine solche Verstetigung der Armut eintritt, kann es sein, dass man aus dieser Armutsfalle nicht mehr selbst herausfindet. Tritt dieser Fall ein, spricht man vom Teufelskreis der Armut. Ein solcher Teufelskreis steht für die Unentrinnbarkeit ebenso wie für die Interdependenz von Ursachen und Folgen. Der Teufelskreis der Armut kann Menschen in Deutschland ebenso gefangen halten wie Menschen in armen Ländern. Die Betroffenen selbst erkennen dann meist keinen Ausweg mehr und sehen sich nicht in der Lage, aus diesem *Circulus vitiosus* auszubrechen.

Der Teufelskreis der Armut kann z. B. so aussehen, dass wirtschaftliche und finanzielle Armut dazu führen, dass eine Familie nicht genug Einkommen hat, um die eigenen Kinder ausreichend und gesund zu ernähren, sodass sie an Mangel- oder gar an Unterernährung leiden. Hunger und Unterernährung führen möglicherweise dazu, dass die Kinder häufig der Schule fernbleiben oder im Klassenunterricht ernsthafte Konzentrationsprobleme haben, einen Leistungsabfall durchlaufen, frühzeitig ohne Abschluss von der Schule gehen und somit keine ausreichende Qualifikation für eine gute Berufsausbildung mitbringen.

Eine weitere Folge dieser defizitären Schulbildung könnte sein, dass die Betroffenen Niedriglohnjobs annehmen müssen, folglich an allen Ecken und Enden zum Sparen gezwungen sind und sich auch keinen angemessenen Wohnraum leisten können. Beengte Wohnverhältnisse führen zuweilen – wenn auch nicht zwangsläufig – zu misslichen Lebensumständen wie Alkohol- und Drogenmissbrauch, Eheproblemen, Trennung und Scheidung, Gewalt und Kindesmissbrauch. Auch Arbeitslosigkeit kommt eventuell hinzu. Durch alle diese Faktoren werden die Symptome und Folgen der Armut verschärft, sodass der Kreislauf in Bewegung gehalten, von Generation zu Generation »vererbt« und damit generationsübergreifend in Gang gehalten wird.

Teufelskreis der Armut

Armut

Durchbrechen des Teufelskreises:

Erkennen, dass ich für mein Leben verantwortlich bin und mein Schicksal selbst in die Hand nehmen kann!

Schlechte Ernährung, Mangelerscheinungen

Wenig Energie, Konzentrationsmangel

Schlechte schulische Leistungen, schlechter Abschluss, frühzeitiger Schulabgang

Schlechte oder keine Berufsausbildung, schlecht bezahlte Jobs

Wenig Lohn, Arbeitslosigkeit, Sozialhilfe

Beengte Wohnverhältnisse

Mangelndes Selbstvertrauen, Alkohol- und Drogenmissbrauch, Gewalt und Missbrauch in der Familie

Familie bricht auseinander

Der Teufelskreis der Armut. Quelle und copyright: Kurt Bangert.

Ein krasses Beispiel für den Teufelskreis der Armut zeigt sich bei den Obdachlosen. Wer obdachlos ist, bekommt in der Regel keinen Job. Wer keinen Job hat, wird nur schwer eine Wohnung finden oder kann sich erst gar keine leisten. Alkohol ist auch hier ein mögliches verstärkendes Element, das den Teufelskreis erhält.

Obwohl es schwierig ist, sich aus dem Teufelskreis der Armut selbst herauszuhelfen, ist es doch nicht gänzlich unmöglich. Entscheidende Stichworte für ein Ausbrechen sind: »Hilfe zur Selbsthilfe« und »Eigenverantwortung«. Schon die Einsicht, dass ich als Betroffener nicht mehr ohne fremde Hilfe auskomme, ist häufig ein erster wichtiger Schritt, um zumindest nach Unterstützung Ausschau zu halten.

Gerade für Kinder gilt, dass sie oft nicht ohne fremdes Eingreifen aus ihrer Not herausfinden: Sie brauchen jemanden, der sich ihrer annimmt, ihnen den Weg weist, ihnen Ideale und Perspektiven vermittelt und neue Hoffnung verleiht. Wichtig ist zu erkennen, dass ich als selbstbestimmtes Wesen einzig und allein für mein eigenes Leben verantwortlich bin. Ich darf auf Dauer weder meine Erziehung noch meine Eltern noch die Schule oder die Gesellschaft für meine Situation verantwortlich machen, sondern kann und muss für mich selbst Verantwortung übernehmen.

6. Der volkswirtschaftliche Schaden

Kinderarmut ist teuer. Armen Kindern kostet sie in vielen Fällen die Chance auf ein erfülltes Leben. Aber sie kommt auch den Staat und die Wirtschaft teuer zu stehen.

Kinderarmut verwehrt den betroffenen Kindern viele Optionen, die nicht monetär zu beziffern sind: Bildungschancen, Freizeitmöglichkeiten, Ausbildungschancen, berufliche, sportliche oder sonstige Anerkennung. Arme Kinder haben weniger Freunde, weniger Wissen und weniger Hoffnungsperspektiven. Kinderarmut verursacht eine Armut an sinnhaftem Leben. Das alles lässt sich nicht in Zahlen und Ziffern ausdrücken.

Aber: Man kann die Kosten von Kinderarmut auch in Euros berechnen. Machen wir dazu einmal eine ganz simple Rechnung.

Gehen wir davon aus, dass sich die Kinderarmut in Deutschland in den nächsten Jahren nicht wesentlich erhöhen wird, sondern bei einer Quote von 14 Prozent der Bevölkerung bleibt (was zugegebenermaßen etwas optimistisch ist). Nehmen wir weiter an, dass, wer arm ist, auch arm bleibt (was wir heute leider als Prinzip der Realität ansehen müssen). Gehen wir schließlich der Einfachheit halber noch davon aus, dass das zukünftige Einkommen der Armen 50 Prozent des Durchschnittseinkommens betragen wird (was eigentlich zu hoch angesetzt ist, da diese 50-Prozent-Grenze die oberste Einkommensgrenze der relativen Armut ist). Unsere Rechnung lautet dann folgendermaßen:

Wenn ein armes Kind später als Erwachsener nicht (wie der Durchschnitt in Deutschland) 1 500 Euro monatlich verdient, sondern nur 750 Euro (nämlich 50 Prozent davon), dann machen die im Vergleich zum Mittelwert fehlenden 750 Euro im Jahr 9 000 Euro aus – Inflation nicht eingerechnet. Bei einer zugrunde gelegten Lebensarbeitszeit von 35 Jahren sind das insgesamt 315 000 Euro. Wollen wir die zukünftige Armut eines deutschen Kindes also in Euros beziffern, so bedeutet dies einen Verlust gegenüber den Nicht-Armen von 315 000 Euro.[16]

Rechnen wir diesen Betrag auf die Gesamtzahl der armen Kinder hoch, so kommen wir zu folgender Rechnung:

Es gibt rund 12 Millionen Kinder in Deutschland. Von diesen leben 14 Prozent von Sozialgeld. Das sind 1,68 Millionen Kinder. Diese Kindern werden später als Erwachsene also jährlich insgesamt (1,68 Millionen x 9 000 Euro =) gut 15 Milliarden Euro weniger haben als der Durchschnitt (inflationäre

Tendenzen nicht berücksichtigt). Auf eine Lebensarbeitszeit von 35 Jahren hochgerechnet wären dies 525 Milliarden Euro! Diese mehr als eine halbe Billion Euro beziffert – basierend auf den Einkommensverlusten der Armen – die Kosten der gegenwärtigen Armut in Deutschland.

7. Erfolge im Kampf gegen Kinderarmut

Bei allem berechtigten Wehklagen über die schreiende Ungerechtigkeit von Kinderarmut in der Welt dürfen wir nicht übersehen, dass zahlreiche Entwicklungsländer durchaus einen erfolgreichen Kampf gegen die Armut geführt haben und dass es Millionen von Kindern heute besser geht als den Kindern vor zehn, zwanzig oder dreißig Jahren. Hier gibt es einige Indikatoren, die zeigen, dass es in den letzten Jahren durchaus Fortschritte gegeben hat, auch wenn diese nicht in dem von vielen erhofften Umfang ausgefallen sind und auch wenn manche von ihnen durch die Nahrungsmittel-, Finanz- und Wirtschaftskrise der Jahre 2008/09 wieder zunichtegemacht wurden. Gleichwohl gibt es diese Erfolge, und sie geben Anlass zur Hoffnung:

Im Jahre 1990 gab es weltweit 1,25 Milliarden Menschen, die mit weniger als einem Dollar pro Tag auskommen mussten. Diese Zahl sank bis 2004 auf unter eine Milliarde Menschen, was gerade auch angesichts einer unvermindert anhaltenden Bevölkerungsexplosion durchaus als Erfolg zu werten ist. Der Anteil der extrem Armen in den Entwicklungsländern betrug 1990 noch rund 30 Prozent, im Jahr 2004 war er auf unter 20 Prozent gesunken. Allerdings muss gesagt werden, dass wir diese Fortschritte hauptsächlich dem wirtschaftlichen Aufschwung der Schwellenländer zu verdanken haben, vor allem Chinas, das durch seine wirtschaftspolitische Transformation erheblichen wirtschaftlichen Wachstum zu verzeichnen hatte.

In China fiel der Anteil der extrem Armen von 1990 bis 2002 von 33 auf unter 10 Prozent. Aber nicht nur in Asien, sondern auch in Lateinamerika und der Karibik verminderte sich der Anteil der extrem Armen. Lediglich in Afrika blieb die extreme Armut weitgehend konstant.

In Bezug auf hungernde Kinder gab es ebenfalls eine Verbesserung. Betrug der Anteil hungernder Kinder an der Gesamtbevölkerung der Entwicklungsländer im Jahr 1990 noch 33 Prozent, so sank dieser Prozentsatz bis 2005 immerhin bis auf 27 Prozent. Da jedoch im gleichen Zeitraum die Bevölkerung dieser Länder angestiegen ist, dürfte die absolute Zahl hungernde Kinder etwa gleich geblieben sein – sicherlich kein Grund, sich zufrieden zurückzulehnen oder sich auf die Schulter zu klopfen. Hungernde Kinder bleiben ein Skandal, der Grund genug ist, nicht nachzulassen im Kampf gegen extreme Armut.

Fortschritte wurden auch im Hinblick auf die Einschulungsrate von Kindern erzielt. In den Entwicklungsländern betrug die Einschulungsrate 80 Prozent im Jahre 1990; 2005 immerhin schon 88 Prozent. Das sind Erfolge, die sich sehen lassen können und für die man dankbar sein muss. Die größte Steigerung verzeichnen wir immerhin in Afrika (von 54 auf 70 Prozent) und in Südasien (von 74 auf 90 Prozent). Allerdings sagt die Einschulungsrate noch nicht viel darüber aus, wie viele der Kinder auch tatsächlich die Grundschule beenden. Liegt die Zahl der eingeschulten Kinder im Grundschulalter bei rund 80 Prozent, so werden nur noch unter 20 Prozent in die Sekundarstufe eingeschult. Das ist viel zu wenig. Wir sehen: Es ist noch enorme Entwicklungsarbeit zu leisten, um möglichst vielen Kindern eine Sekundarschulausbildung zu ermöglichen.

Ziemlich schlecht steht es um die Schulbildung von Mädchen. 42 Prozent der afrikanischen Mädchen gehen nicht in die Schule (nur 38 Prozent der Jungen). In Südasien erhalten 29 Prozent und in Westasien 22 Prozent der Mädchen keine Grundschulausbildung (die vergleichbaren Werte für die Jungen sind hier: 22 und 16 Prozent). Trotz der allgemeinen Einschulungsfortschritte bleibt also noch viel zu tun, um bildungspolitische Geschlechtergerechtigkeit zu erzielen.

Eine weitere Verbesserung im Kampf gegen Kinderarmut ist die Senkung der Sterblichkeitsrate von Kindern unter fünf Jahren. 1990 lag die Sterblichkeitsrate dieser Kinder in den Entwicklungsländern bei 106 Promille, also bei über 10 Prozent. Im Jahr 2005 war diese Rate auf immerhin 83 Promille heruntergegangen – deutlich unter 10 Prozent. Die Sterblichkeitsrate der Unter-Fünfjährigen sank in fast allen Regionen, sogar in Subsahara-Afrika: hier allerdings von 185 auf 166 Promille, also auf ein immer noch viel zu hohes Niveau von fast 17 Prozent!

Der Grund für diese immer noch hohen Sterblichkeitsraten sind vor allem: Durchfallerkrankungen, Lungenentzündung, Infektionskrankheiten wie Malaria, Masern u. a. Weitere positive Entwicklungen können deshalb nur dann erreicht werden, wenn flächendeckende Impfkampagnen gegen Kinderkrankheiten durchgeführt werden, wenn sauberes Trinkwasser verfügbar gemacht wird und wenn die Verbreitung der Malaria durch den Zugang zu Moskitonetzen und Malaria-Medikamenten eingedämmt wird. Gerade durch den Einsatz Insektizidimprägnierter Moskitonetze konnten in den letzten Jahren in einigen Ländern erstaunliche Fortschritte erzielt werden, was hoffnungsvoll stimmt. Gleichwohl gehört Malaria immer noch zu den armutsbedingten Todesursachen: Noch 2002 starben rund 800 000 Kinder unter fünf Jahren an Malaria.

Sehr erfreulich ist, dass die Zahl der in den Entwicklungsländern lebenden Menschen mit Zugang zu sauberem Trinkwasser seit 1990 deutlich angestiegen ist: von 35 auf 50 Prozent (2004). Die größten Erfolge wurden diesbezüglich in Südasien, in Ostasien und in Südostasien festgestellt. Lediglich in Subsahara-Afrika gab es in den letzten Jahren kaum welche. Das mag nicht zuletzt damit zu tun haben, dass durch die Klimaerwärmung und den El-Niño-Effekt in vielen Teilen Afrikas der Regen länger ausbleibt als gewöhnlich und lang anhaltende

Dürreperioden die Folge sind. Rodung und Abholzung haben ihr Übriges getan. Trotz spürbarer Erfolge müssen noch rund 1,6 Milliarden Menschen weltweit mit sauberem Trinkwasser versorgt werden. Eine große Herausforderung.

Auch im Hinblick auf die sanitäre Situation hat sich die Lage in den letzten Jahren merklich verbessert: Der Anteil der Menschen mit Zugang zu sanitären Anlagen (sprich: Toiletten) ist zwischen 1990 und 2004 von 50 auf 60 Prozent gestiegen. Was aber auch heißt: 40 Prozent der Menschen weltweit, also über zwei Milliarden, bleiben ohne ausreichende Hygiene und sanitäre Anlagen. Dieser Mangel führt zu zahlreichen Darmerkrankungen und verursacht immer noch Millionen von Todesfällen. Am meisten hiervon betroffen sind Kinder auf dem Lande und in den Slumvierteln der Großmetropolen. Es bleibt noch viel zu tun!

8. »Lasst die Kinder zu mir kommen …«

Warum beschäftigen wir uns mit dem Thema »Kinderarmut«? Sind es wirtschaftliche Erwägungen? Ist es eine Frage von Menschen- und Kinderrecht? Oder ist es gar eine Frage spiritueller Einsicht und ethischer Verantwortung?

Jesus von Nazareth war ein Freund der Kinder. Als er wieder einmal unterwegs war, um den Armen seine Geschichten vom »Reich Gottes« zu erzählen, brachten einige Mütter ihre Kinder zu ihm, damit er ihnen die Hand auflege. Jesu Jünger empfanden das als Störung der Versammlung und wollten die Mütter mit ihren quengelnden Kindern davonjagen. Doch Jesus wurde unwillig und sagte: »Lasst die Kinder zu mir kommen und wehret ihnen nicht, denn solchen gehört das Reich Gottes« (Markus 10,14; Luther).

Kinder in dieser Weise zu akzeptieren bedeutet, sie in ihrem Sosein als Kinder zu akzeptieren, sie in ihrem Kindsein zu respektieren und ihnen ihr Kindsein zu lassen. Kinder wollen als Kinder angenommen werden, nicht als unfertige Erwachsene, sondern als vollkommene, liebenswürdige Menschen, die ihre kindliche, empfindliche und verwundbare Sicht- und Lebensweise noch nicht abgelegt haben. Kinder so zu akzeptieren heißt auch: sie zu schützen; zu schützen vor Herabwürdigung und Missachtung, vor Gewalt und Missbrauch, vor physischer oder seelischer Misshandlung, vor Ausbeutung und Ausnutzung.

»Lasst die Kinder zu mir kommen. Hindert sie nicht daran!« heißt: Tut ihnen keine Gewalt an; gebt ihnen den Schutz, dessen sie bedürfen – und: Respektiert sie als das, was sie sind: nämlich Gottes Kinder.

Jesus – jener jüdische Heiler und Wanderprediger, den Christen als »Messias«, als den zum König »Gesalbten« (Griechisch: *Christos*) verehren – jener Jesus sprach in seinen Predigten immer wieder von einer menschlichen Gesellschaft, in der die Gesetze Gottes beachtet und die Prinzipien der Gerechtigkeit, Barmherzigkeit und Wahrhaftigkeit, der Friedfertigkeit und Versöhnung, der Feindes-, Nächsten- und nicht zuletzt auch der Kinderliebe praktiziert würden. Eine Gesellschaft, in der diese Grundlagen befolgt und gelebt würden, bezeichnete er als »das Reich Gottes«.

Bei einer anderen Gelegenheit sprach Jesus davon, dass dieses »Reich Gottes« vor allen den Armen gehöre, den Hungernden, den Weinenden, den Ausgestoßenen und Verschmähten (Lukas 6,20-22). Hier nun, da er gegen den Willen der Jünger die Kinder zu sich kommen lässt, sagt er sogar, dass das Reich Gottes Kindern wie ihnen gehöre. In Gottes Rangordnung haben die Armen und die Kinder offenbar einen ganz speziellen Platz. Und ganz vorn in der ersten Reihe dürfen die Kinder der Armen sitzen. Ihnen gehört, so Jesus, Gottes besondere Aufmerksamkeit. Gott hat eine Vorliebe für arme Kinder; er hat eine Option für die Armen, würden heutige Theologen sagen.

Weil die Armen und ihre Kinder aus Gründen der Ohnmacht und des Mangels an politischem und gesellschaftlichem Einfluss oft nicht für sich selber sprechen können, ist es Aufgabe der Christen, die sich als Nachfolger von Jesus verstehen, sich der Armen in besonderer Weise anzunehmen, um ihnen auf diese Weise zu mehr Aufmerksamkeit, Gerechtigkeit und Wohlbefinden zu verhelfen.

Für die Armen und besonders für die armen Kinder dürfen der Glaube an Gott und die Predigt von der Hoffnung auf das Reich Gottes keine Vertröstung auf den Sankt-Nimmerleins-Tag sein; denn dem Glauben an Gott muss die konkrete Erfahrung der Liebe Gottes im eigenen Leben und am eigenen Leibe zugrunde liegen. Die Fähigkeit, an Gott zu glauben, der die Liebe ist, entspringt der Erfahrung, geliebt zu sein. Eine Predigt, die nicht von tatkräftiger Nächstenliebe begleitet wird, geht ins Leere. Ein Glaube, der nur am Seelenheil und nicht am Wohl des ganzen Menschen interessiert ist, hat keine Kraft. Gott kann nur dann als wirklicher Gott geglaubt werden, wenn er wirkmächtig ist und sein göttliches Wesen im Hier und Jetzt erfahren wird. Gott kann nur dann als »wirklich« geglaubt werden, wenn er sich in dieser Welt »verwirklicht«. Doch wie soll er das tun, wenn nicht durch uns Menschen? Wir sind Gottes Hände, Füße, Mund und Ohr.

Nachdem Jesus seine Jünger gerügt und man die Kinder dann zu ihm gebracht hatte, nahm er sie »in die Arme, legte ihnen die Hände auf den Kopf und segnete sie« (Markus 10,16). Er erklärte: »Wahrlich, ich sage euch: Wer das Reich Gottes nicht empfängt wie ein Kind, der wird nicht hineinkommen« (Markus 10,15; Luther).

Sonderbar. Kann man das Reich Gottes empfangen? In der Tat: Das »Reich Gottes« ist wohl etwas, das man »empfangen« muss, bevor man in dasselbe eintritt. Die Wirklichkeit Gottes und des göttlichen Herrschaftsbereiches erleben wir erst, wenn wir Gottes Gaben in kindlichem Glauben und in kindlicher Bereitschaft empfangen, bevor wir uns selbst zur Weitergabe und Umsetzung seiner Gaben entschließen. Der Empfang der »Gaben« Gottes konstituiert unsere »Aufgaben«

als Jünger Christi. Gabe und Aufgabe: Das ist das Doppelpaar christlicher Verantwortung. Aus dem Bewusstsein, dass Gott sich uns zugewandt hat, erwächst die Kraft, uns der Welt und anderen Menschen in Liebe zuzuwenden.

Jesus lädt uns also ein, das Reich Gottes zu empfangen »wie ein Kind«. Was soll das heißen: »wie ein Kind«? Es mag dreierlei bedeuten:

Erstens: bereit zu sein für die vielfältigen Segnungen Gottes, die uns meist unverdient zuteilwerden und manchmal ganz unverhofft über uns »hereinbrechen«. Gottes Segnungen sind wie Blumen auf dem Felde: Wir können achtlos und hastig an ihnen vorübereilen; oder: Wir können uns an ihnen erfreuen, uns wie Kinder an ihnen entzücken, können die Blütenblätter zählen, die Namen der Blumen lernen und sogar einen bunten Strauß pflücken mit Lilien, Glockenblumen, Chrysanthemen und Vergissmeinnicht. Wir können diesen Strauß jemandem, den wir mögen und liebhaben, schenken und damit eine kleine Freude bereiten. Das Reich Gottes wie ein Kind zu empfangen heißt, offen zu sein für die unzähligen Segnungen dieser Welt und unseres Lebens.

Das Reich Gottes zu empfangen wie ein Kind heißt auch, nicht nur passiv auf die Segnungen zu warten, die uns mehr oder weniger zufällig »zufallen«, sondern aktiv Segen zu verbreiten und Gutes zu tun, indem wir die Prinzipien des Reiches Gottes selbst vertreten und verwirklichen. Es heißt, am Reiche Gottes mitzuwirken und mitzubauen. Also nicht tatenlos darauf zu warten, bis sich eines Tages der Himmel auftut und der Herr der Heerscharen sich mitsamt der Heiligen Stadt und seinem Gottesstaat auf die Erde niederlässt, um hier sein Reich aufzurichten. Sondern es heißt: bereits hier und jetzt und jeder an seinem Platz und nach seinem Vermögen an der Verwirklichung der Prinzipien Gottes in dieser Welt mitzuwirken, damit die Hungernden gespeist, die Trauernden getröstet, die Verwundeten verbunden und die Kranken geheilt werden. Gottes Reich wie die Kinder zu empfangen heißt: mit dem Bauen zu beginnen.

Schließlich: Das Reich Gottes wie Kinder zu empfangen heißt somit auch, die Welt sich nicht selbst zu überlassen, sich nicht von ihr als einer gottverlassenen Welt zurückzuziehen, sich nicht vor ihr zu verschließen oder sich abzukapseln; sondern: diese Welt zu umarmen, ihr mit Offenheit und Neugier und mit erwartungsvollen Augen und Herzen zu begegnen. Den Kindern gehört die Welt, sagen wir, und zu Recht. Kinder finden sich nicht einfach mit der Welt ab, so wie sie ist; vielmehr glauben sie noch an das Gute und daran, dass sich die Welt zum Positiven verändern lässt. Kinder sind überzeugt, dass sie die Welt erobern können. Das Reich Gottes wie die Kinder zu empfangen heißt, an eine Welt zu glauben, die – statt von allen guten Geistern verlassen zu sein – vom Geist Gottes durchdrungen wird. Dieser Geist, dieser Odem Gottes weht nur dann durch unsere Welt, wenn wir Menschen uns ihm öffnen und ihn durch uns selbst hindurchwehen lassen, damit wir Instrumente seiner Liebe, seiner Wahrheit und seiner Güte werden.

II. | Kinderarmut – Aspekte

Um Kinderarmut und ihre Ursachen besser zu verstehen, ist es notwendig, einige Aspekte zu behandeln, die im ursächlichen Zusammenhang mit Kinderarmut stehen und deren Fortdauer begünstigen. Dazu gehört ein modernes Verständnis davon, was ein Kind überhaupt ist. Außerdem muss der Zusammenhang zwischen Kinderarmut und Kinderrechten betrachtet werden. Ein Problem ist die Frage der Definition und Messbarkeit von Kinderarmut; nur wenn wir genau wissen, wovon wir sprechen, können wir etwas über ihre Verbreitung und über wirksame Bekämpfungsstrategien aussagen.

Ein weiteres Thema ist die körperliche Unterentwicklung, auch *Stunting* genannt, die mit schlechter Ernährung zu tun hat und Folgen fürs ganze Leben nach sich zieht. Daneben sollen auch noch sekundäre Folgen der weltweiten Kinderarmut angesprochen werden wie Kinderarbeit und Kindesausbeutung, Straßenkinder, Kinder im Krieg, Kinderprostitution und sexueller Missbrauch sowie das Phänomen kindgeführter Haushalte.

Ein wichtiger Aspekt im Zusammenhang mit Kinderarmut ist das Konzept des Kindeswohls. Dies soll in seinen unterschiedlichen Dimensionen – darunter Gesundheit, Bildung, Beziehung und Partizipation – näher beleuchtet werden. Weiterhin befassen wir uns mit dem subjektiven und objektiven Wohlbefinden des Kindes. Und schließlich gehen wir noch auf die Bedeutung der vom deutschen Bundesverfassungsgericht getroffenen Entscheidung zu den Hartz IV-Regelsätzen für Kinder ein.

1. Was ist ein Kind?

Im Zusammenhang mit Kinderarmut muss die grundsätzliche Frage gestellt werden: Was ist ein Kind? Dabei geht es nicht nur um das Alter, sondern auch um die Fragen, was ein Kind dem Wesen nach ist, wie Erwachsene ein Kind sehen (sollten!), welche Rolle sie ihm zuweisen und wie sie es behandeln.

Zunächst zum Alter: Nach der Kinderrechtskonvention (Artikel 1) wird ein Kind als eine Person unter 18 Jahren definiert. Leider enthielt die Kinderrechtskonvention eine unrühmliche Ausnahmeregelung hinsichtlich dieses Alters insofern, als Kinder ab 15 Jahren bereits zum Kriegsdienst herangezogen werden durften. Diese unsinnige und gefährliche Ausnahme wurde mit dem 2002 in Kraft getretenen Zusatzprotokoll gegen den Einsatz von Kindern als Soldaten weitgehend aufgehoben.

Bei Bevölkerungsstatistiken werden Personen bis 15 Jahren in der Regel als Kinder, Personen ab 15 Jahren als Erwachsene kategorisiert. In Wirklichkeit ist der Übergang vom Kind zum Erwachsenen ein fließender. Experten haben darauf hingewiesen, dass in vielen Kulturen ein Mädchen mit etwa 14 Jahren bereits für heiratsfähig erklärt wird[17], es seinen vollen Erwachsenen-Status als Frau aber erst mit der Geburt des ersten Kindes erreicht. Das Mindestalter für die Eignung zum Berufsleben ist nach dem Verständnis der *International Labour Organization* (ILO) mit ungefähr 14 Jahren gegeben, wobei oft schon jüngere Kinder einer Arbeit nachgehen. Andere, die erst spät eingeschult wurden, besuchen manchmal noch im Alter von 22 Jahren die Schule. Einige Experten (so Harper/Marcus) sind der Meinung, dass jede Altersdefinition im Grunde willkürlich sei und unterschiedliche Altersgruppen auch entsprechend unterschiedlich betrachtet werden sollten.

Von vorentscheidender Bedeutung für das Gedeihen eines Kindes ist das Alter bis 5 Jahren, eine Zeitspanne, in der wir für viele Länder eine hohe Kindersterblichkeit feststellen. Aber auch die Jahre zwischen 5 und 15 sind in vielen Kulturen eine wichtige Zeit der Formung und Prägung; hier werden entscheidende Weichen für die Zukunft des Kindes gestellt. Was jetzt versäumt wird, lässt sich später nur schwer nachholen.

Die Definition eines Kindes bezieht sich aber nicht nur auf das Alter, sondern auch auf das Wesen eines Kindes und auf die Rolle, die ihm zugewiesen wird. Die wissenschaftliche Diskussion hinsichtlich der Definition von Kindheit wurde bisher stark geprägt von industrialisierten Gesellschaften, insbesondere von westlichen Kinderpsychologen, Sozialwissenschaftlern und Bildungsexperten. Ihnen zufolge ist die Kindheit eine Zeit, die geprägt ist von Freizeit, Spiel und Schule. Kinder werden im Wesentlichen als natürlich, passiv, inkompetent, unbefugt und unvollständig betrachtet.[18] Diese etwas platte Sicht auf Kinder ist in jüngerer Zeit von Soziologen, Ethnologen und Anthropologen hinterfragt worden, welche die Auffassung vertreten, dass Kinder vollwertige Personen sind, gesellschaftliche Akteure »*in their own right*«,[19] also freiwillig handelnde, Einfluss nehmende Personen, die am gesellschaftlichen Gestaltungsprozess beteiligt sind und beteiligt werden sollen.

Die alte Auffassung hat dazu geführt, Kinder lediglich als Anhängsel der Familie oder des Haushaltes zu betrachten und sie in ihrer Eigenständigkeit und mit ihren gesonderten Bedürfnissen und Vorstellungen nicht wirklich ernst zu nehmen. Die Folge dieser Sicht: Der Kinderstatus war bisher meist geprägt von Abhängigkeit und Anpassung: Kinder müssen geformt, sozialisiert und geschult werden. Sie empfangen, konsumieren und kosten! Harper/Marcus dazu:

»Ein Kind in dieser Weise zu subsumieren, verschleiert andere wichtige Informationen über das Vorkommen, die Vielfältigkeit und besondere Auswirkungen von Kinderarbeit; wie etwa den Beitrag, den Kinder für den Haushalt und vielleicht sogar für das Einkommen leisten, und was sie selbst für die Bildung und Gesundheit beisteuern. Deshalb stellt diese Einschätzung nur eine unzureichende Basis für wirksames Handeln gegen Kinderarmut dar.«[20]

Diese eingegrenzte Sicht auf Kinder, verbunden mit einer Armutsdefinition, die vor allem am Haushaltseinkommen ausgerichtet ist (aber innerhalb des Haushalts ungleich verteilt sein dürfte), trägt dazu bei, die Situation von Kindern, ihre Armut sowie ihre Macht- und Rechtlosigkeit zu verschleiern. Stattdessen bedarf es einer neuen Sichtweise, die geprägt ist von dem wichtigen gesellschaftlichen Beitrag, den Kinder zu leisten imstande sind. Es bedarf einer Ausdifferenzierung von Kindern in unterschiedlichen Altersstufen und als unterscheidbare Personengruppen mit je eigenen Bedürfnissen und Erwartungen. Harper/Marcus kommen zu dem Schluss, dass ein neuer Blick auf das Kind auch neue Lösungen zur Bekämpfung von Kinderarmut ermöglicht.

»Wenn wir das Ausmaß ihrer sozialen, wirtschaftlichen und politischen Beiträge zur Gesellschaft als Ganzes besser wertschätzen, wenn wir statistische Daten anders erfassen und so ihre Armut differenzierter bemessen, dann würden wir auch zu anderen politischen Problemlösungen kommen. Darüber hinaus könnten Kinder, so sie denn bei der Gestaltung von politischen Lösungsansätzen beteiligt würden, mithelfen, wertvolle, wirksame und praktikable Lösungen zu finden.«[21]

2. Kinderarmut und Kinderrechte

Die Kinderrechtskonvention (KRK) der Vereinten Nationen ist die UN-Konvention mit der höchsten Akzeptanz weltweit.

Zur besseren Umsetzung der KRK wurde ein UN-Ausschuss für die Rechte des Kindes ins Leben gerufen, der die Aufgabe hat, die Vertragsstaaten bei der Umsetzung zu begleiten. In Deutschland gibt es zudem die *National Coalition* zur Umsetzung der KRK in unserem Land. Rund hundert deutsche Organisationen und Initiativen haben sich hierfür zusammengeschlossen, um die Konvention bekannt zu machen und für ihre Umsetzung einzutreten. Zu den wichtigsten Grundsätzen der KRK gehören u. a.:

1. Kein Kind darf benachteiligt werden.
2. Kinder haben ein Recht darauf, dass ihre Privatsphäre und ihre Würde geachtet werden.
3. Kinder haben das Recht, bei allen Fragen, die sie selbst betreffen, mitzubestimmen und zu sagen, was sie denken.
4. Kinder haben das Recht, sich alle Informationen zu beschaffen, die sie benötigen, um zu einer eigenen Meinung zu kommen.
5. Kinder haben das Recht zu lernen und eine Ausbildung zu machen, die ihren Bedürfnissen und Fähigkeiten entspricht.
6. Kinder haben das Recht auf Spiel, auf freie Zeit und auf künstlerische Betätigung.
7. Kinder haben das Recht, im Krieg und auf der Flucht besonders geschützt zu werden.
8. Kinder haben das Recht auf Schutz vor Gewalt, Missbrauch und Ausbeutung.
9. Kinder haben das Recht, gesund zu leben, Geborgenheit zu finden und keine Not zu leiden.
10. Behinderte Kinder haben das Recht auf besondere Fürsorge und Förderung, damit sie aktiv am Leben teilnehmen können.

In den vergangenen Jahren hat sich die Überzeugung durchgesetzt, dass es bei der Bekämpfung von Kinderarmut nicht nur um die Verbesserung der allgemeinen Lebensumstände geht, sondern auch darum, den Kinderrechten zum Durchbruch zu verhelfen. Die Betonung der Kinderrechte hat der Bekämpfung der Kinderarmut einen völlig neuen Blickwinkel und eine neue Dramatik und Dringlichkeit verliehen. »Die Armut kann nicht gemindert werden, wenn nicht zugleich die Rechte armer Menschen umgesetzt werden«, heißt es in einer Broschüre zum sogenannten »Kinderrechtsansatz«.[22] Dieser Ansatz stellt einen neuen Blickwinkel und eine neue Herangehensweise dar.

Auch der Europäische Rat hat sich zum rechtsbasierten Ansatz der Armutsbekämpfung bekannt: »Der Rat bekräftigt sein Engagement für einen menschenrechtsorientierten Ansatz von Entwicklung, gemäß dem die Armutsminderung die Möglichkeit der Bevollmächtigung, der Chancengleichheit und des Schutzes zu berücksichtigen hat.«[23]

Der Zusammenhang zwischen Kinderarmut und Kinderrechten wurde auch in der *Wiener Erklärung* aus Anlass der *World Conference on Human Rights* in Wien 1993 verankert. Darin heißt es:

»Die Existenz weitverbreiteter extremer Armut verhindert die volle und wirksame Inanspruchnahme der Menschenrechte; deshalb muss die sofortige Armutsminderung und ihre schlussendliche Ausrottung eine der vorrangigen Aufgaben der internationalen Staatengemeinschaft sein.«[24] Und noch einmal:

»Extreme Armut und soziale Ausgrenzung konstituieren eine Verletzung der Menschenwürde.«[25] Kinderarmut und die Verweigerung von Kinderrechten sind unauflöslich miteinander verknüpft. Deshalb haben die Vertragsstaaten »in größtmöglichem Umfang das Überleben und die Entwicklung des Kindes« zu gewährleisten (Kinderrechtskonvention, Artikel 6.2).

Wir haben lange Zeit die naive Vorstellung gehegt, dass ein Einkommenszuwachs der Schlüssel zur Bekämpfung der Armut sei und dass die Beachtung der Menschen- und Kinderrechte nur ein Nebenprodukt sei, das sich bei wirtschaftlichem Wachstum irgendwie von selbst einstellen würde. Doch es hat sich gezeigt, dass dies nicht automatisch der Fall ist. Denn: Erstens werden Kinderrechte nicht automatisch gewährt, sobald sich eine positive wirtschaftliche Entwicklung abzeichnet. Und zweitens haben Kinder ein Recht auf Einhaltung ihrer Rechte, auch ohne dass wir erst eine positive wirtschaftliche Entwicklung abwarten oder mit unserer Armutsbekämpfung zu einem erfolgreichen Ende gekommen sind. Kinderrechte sind verbürgte Rechte, die gewährt werden müssen ungeachtet der vorherrschenden Einkommensverhältnisse.

Oft liegt aber noch ein weiteres Missverständnis vor: Viele meinen, dass die Bekämpfung der Armut und die Entwicklung eines Menschen- und Kinderrechtsbewusstseins durchaus etwas Wünschenswertes, Anzustrebendes sei, aber doch kein garantiertes und in jedem Fall zu gewährendes Recht. Ein Desiderat vielleicht, aber keine Verpflichtung oder Verbindlichkeit. Aber: Menschen- und Kinderrechte obliegen nicht dem Gutdünken derer, die sie zu gewähren bereit sind, sondern sind verbriefte Rechte aller Kinder überall. Darum müssen die Gewährung von Kinderrechten und die Bekämpfung von Kinderarmut Hand in Hand gehen.

Der Tischbein-Test:

In besagter Broschüre zum sogenannten »Kinderrechtsansatz« wird ein »Tischbeintest« (*Table Leg Test*) vorgeschlagen: Dabei steht die Tischplatte für das Kinderrecht auf Leben, Überleben und Entwicklung. Doch ob dieses Recht, diese Tischplatte wirklich hält und nicht zusammenbricht, hängt davon ab, wie stabil die vier Beine dieses Tisches sind. Und diese vier Beine stehen für:

- Das Kindeswohl
- Die Teilhabe/Mitsprache des Kindes
- Nicht-Diskriminierung/Gleichstellung des Kindes
- Optimaler Ressourceneinsatz

Der Tischbeintest: Das Kinderrecht auf Leben und Entwicklung (die Tischplatte) fußt auf den Prinzipien des Kindeswohls, der Kindespartizipation, der Nicht-Diskriminierung und des optimalen Einsatzes der verfügbaren Ressourcen.
Quelle: World Vision.

Kindeswohl

Das »Kindeswohl« ist ein rechtlicher Begriff, der oft dann zu berücksichtigen ist, wenn es etwa darum geht, zwischen dem Sorgerecht der Eltern für das Kind und dem Wohl des Kindes abzuwägen. Hier kann der Staat ein »Wächteramt« übernehmen, welches das gesamte Wohlergehen eines Kindes, seine gesunde Entwicklung, seine Bildungs- und Entfaltungsmöglichketen sowie seine gesellschaftliche Sozialisierung, Integration und Partizipation berücksichtigt und gewährleistet – notfalls auch gegen das Eltern- und Familienrecht. Der Begriff des Kindeswohls beinhaltet sowohl den Schutz des Kindes und die Fürsorge für es als auch die Interessen des Kindes und die Kinderrechte.

Teilhabe/Mitsprache

Um dem Anspruch des Kindeswohls zu genügen, muss dem Kind in allen Fragen, die es selbst betrifft, die Möglichkeit der Teilhabe und der Mitsprache eingeräumt werden. Das heißt, dass das Kind bei Entscheidungen, die es selbst betreffen, zu befragen ist, es seine Meinung kundtun darf und diese auch in die Entscheidungsfindung einfließt. Indem Kinder in den Dialog einbezogen werden, lernen sie, sich auf konstruktive Weise einzubringen und ihre Umwelt zu beeinflussen. In vielen Fällen erfordert dies ein Umdenken der Erwachsenen im Umgang mit Kindern vom ausschließenden zum einschließenden Denken und Handeln.

Nichtdiskriminierung/Gleichstellung

Das Prinzip der Nichtdiskriminierung besagt, dass ein Kind nicht diskriminiert werden darf aufgrund von Rasse, Hautfarbe, Geschlecht, Sprache, Religion, der politischen und sonstigen Anschauung, der nationalen, ethnischen und sozialen Herkunft, des Vermögens, einer Behinderung, der Geburt oder des sonstigen Status des Kindes oder seiner Eltern. Im Hinblick auf diese genannten Aspekte sind Kinder also gleich zu behandeln. Kinder dürfen sogar im Vergleich zu Erwachsenen nicht diskriminiert werden.[26]

Optimaler Ressourceneinsatz

Das Prinzip des optimalen Ressourceneinsatzes besagt, dass die zur Verfügung stehenden Mittel optimal, nichtdiskriminierend und unter Berücksichtigung des Mitspracherechts des Kindes für dessen Wohl eingesetzt werden sollen. Freilich: Wie viele finanzielle Ressourcen jeweils zur Verfügung gestellt werden können, wird von Fall zu Fall zu entscheiden sein. Letztlich aber läuft es bei der Berücksichtigung eines rechtsbasierten Ansatzes der Bekämpfung von Kinderarmut vor allem auf folgende Schlüsselfrage hinaus:

Gewähren wir den Kindern dieser Welt diejenigen Dienstleistungen zur Befriedigung ihrer Grundbedürfnisse, welche wir als Völkergemeinschaft glauben, uns finanziell leisten zu können? Oder gewähren wir ihnen diese Dienstleistungen entsprechend ihrem rechtlichen und – nach der Kinderrechtskonvention – unverbrüchlichen Anspruch? Oder anders gefragt: Ist die Gewährung von Kinderrechten eine Kostenfrage oder eine Frage des moralischen Imperativs?

3. Kinderarmut definieren und messen

Obwohl der Zusammenhang zwischen Kinderarmut, Kinderkrankheit, Kindersterblichkeit und der Verweigerung von Kinderrechten schon seit Langem bekannt ist, lässt sich das Phänomen der Kinderarmut wissenschaftlich offenbar nur schwer greifen. Einer der Wissenschaftler, die sich mit der Definition absoluter Kinderarmut intensiv befasst haben, ist David Gordon, Professor für soziale Gerechtigkeit an der Bristol Universität. In den nachfolgenden Ausführungen berufen wir uns vor allem auf das Papier »Child Poverty in the Developing World«, das unter Gordons Federführung 2003 veröffentlicht wurde.[27] Gordon und Mitautoren haben versucht, das Phänomen der Kinderarmut, insbesondere der absoluten Kinderarmut, wissenschaftlich differenziert zu durchleuchten.

Eine der gebräuchlichsten Methoden, Armut zu messen, ist es, das Bruttosozialprodukt eines Landes pro Kopf zu berechnen und dann in Vergleich zu anderen Ländern zu setzen. Weil bei solchen Berechnungen aber meist nicht zwischen Erwachsenen und Kindern unterschieden wird, sind solche Kalkulationen alles andere als ideal und reflektieren keineswegs den Armutsgrad von Kindern. Kinder werden im Allgemeinen als Teil des Haushalts angesehen, und es wird dabei meist der Einfachheit halber angenommen, dass das Einkommen eines Haushalts gleichmäßig unter die Familienangehörigen verteilt wird. Das ist in der Realität aber keineswegs der Fall.

Um den tatsächlichen Grad der Kinderarmut messen zu können, müsste man herausfinden, wie das Haushaltseinkommen auf die unterschiedlichen Familienmitglieder verteilt wird und wie viel davon für die Kinder und deren Grundbedürfnisse bereitgestellt wird. Daneben gilt es auch zu berücksichtigen, welche Dienstleistungen unabhängig von Einnahmen und Ausgaben überhaupt verfügbar sind: ob etwa sauberes Trinkwasser, Gesundheitsstationen oder Schulen in der Nähe sind.

Kinderarmut ist jedoch nicht nur ein Problem der Messbarkeit, sondern auch der Definition. Nach Gordon[28] haben viele Probleme rund um die Messbarkeit von Armut mit der Definition von Armut zu tun. Bis zum Weltsozialgipfel in Kopenhagen 1995 gab es keine einheitliche Armutsdefinition. In Kopenhagen unterschied man erstmals zwischen absoluter und relativer Armut oder, wie die ursprüngliche Terminologie hieß, zwischen *absolute poverty* und *overall poverty*.

Absolute Armut wurde definiert als die mangelnde Erfüllung der Grundbedürfnisse einschließlich Nahrung, sauberem Trinkwasser, sanitären Anlagen, Gesundheit, Wohnraum, Bildung und Information, aber auch als mangelnder Zugang zu sozialen Dienstleistungen.[29]

Relative Armut oder *overall poverty* kann nach Gordon hingegen viele Formen annehmen und wird mehr im Sinne soziokultureller Benachteiligungen, Risiken und Marginalisierungen verstanden.[30]

Im Juni 1998 definierten die UN-Organisationen Armut in einem fundamentalen Sinn als Versagung von Auswahlmöglichkeiten und Chancen, als Verletzung der Menschenwürde, als mangelnde gesellschaftliche Partizipationsmöglichkeit und als das Unvermögen, sich am gesellschaftlichen Gestaltungsprozess zu beteiligen.[31]

Im wissenschaftlichen Sinn wird heute dann von absoluter oder extremer Kinderarmut gesprochen,[32] wenn der Haushalt, in dem ein Kind lebt, sowohl ein *niedriges Einkommen* als auch einen *niedrigen Lebensstandard* hat. Hat ein Haushalt ein niedriges Einkommen, aber gleichwohl Zugang zu wesentlichen Dienstleistungen wie Gesundheit und/oder Bildung, so würde dieser Haushalt nicht unbedingt als »arm« in einem absoluten Sinn betrachtet werden. Für wissenschaftliche Zwecke wäre es somit dienlich, sowohl das Haushaltseinkommen zu messen als auch den allgemeinen Lebensstandard. Der Lebensstandard würde nicht nur die materiellen Bedingungen berücksichtigen, sondern auch die allgemeinen sozialen Verhältnisse, in denen die Kinder und ihre Familien leben. Es müssen also auch soziale, kulturelle, wirtschaftliche und politische Faktoren in den Blick genommen werden. Bei der Beurteilung von Kinderarmut sollte man sich somit nicht nur verengend auf das Einkommen und die entsprechenden Ausgaben beschränken, sondern auch die dem Haushalt zugänglichen Dienstleistungen einbeziehen. Es kommt folglich sehr darauf an, was der Staat, die Region, die Kommunen für Schulen, Gesundheitsstationen und andere öffentliche Dienste ausgeben und was sie anbieten. Es gibt sogar Fachleute, die Armut ausschließlich im Sinne dieser Lebensstandards verstehen.[33]

Ein niedriger Lebensstandard im wissenschaftlichen Sinn sollte nach Gordon an sogenannten *deprivation indicators* gemessen werden, also an Entbehrungs- oder Mangel-Indikatoren. Hohe Deprivations-Indikatoren stehen für einen niedrigen Lebensstandard, niedrige Indikatoren für einen höheren.

Deprivation oder Mangel kann definiert werden als erkennbare Benachteiligung relativ zu den lokalen Kommunen oder der größeren Gesellschaft, zu der der Einzelne, die Familie oder die Gruppe sich zugehörig fühlt. Es geht weniger um das Einkommen als vielmehr um physische, soziale und emotionale Verhältnisse und Bedingungen.

Um Deprivationen wissenschaftlich zu erfassen, bedarf es einer taxonomischen Klassifizierung, also einer zum Zwecke der Messbarkeit eindeutig definierten Kategorisierung. Gordon und Kollegen sprechen von folgenden Deprivations-Graden:

- keine Deprivation
- milde Deprivation
- moderate Deprivation
- schwere Deprivation
- extreme Deprivation.

Aber Deprivation von was? Die Mangel- oder Deprivations-Grade müssen (nach Gordon) jeweils auf die verschiedenen menschlichen Grundbedürfnisse bezogen werden, nämlich:

- Nahrungsmittelversorgung
- Sauberes Trinkwasser
- Sanitäre Anlagen
- Gesundheit
- Wohnraum
- Bildung
- Information
- Zugang zu Dienstleistungen

Für alle diese Grundbedürfnisse haben Gordon und seine Mitautoren für die »schwere Deprivation« (also die zweit-schlechteste Kategorie) von Kindern folgende Kriterien fest-gelegt:

1. *Schwere Nahrungsmittel-Deprivation*: Kinder, deren Größe und Gewicht um mehr als den Faktor minus 3 unterhalb des Durchschnitts einer internationalen Vergleichspopu-lation liegen.[34]
2. *Schwere Wasser-Deprivation*: Kinder, die zum Trinken nur Zugang zu Oberflächenwasser (z.B. Flusswasser) haben oder die zur nächsten Wasserquelle mehr als fünfzehn Minuten laufen müssen – was ein Anzeichen für fehlende Wasserqualität *und* -quantität ist.
3. *Schwere Deprivation von sanitären Anlagen*: Kinder, die keinen Zugang zu einer privaten oder öffentlichen Toi-lette in der Umgebung ihres Zuhauses haben.
4. *Schwere Gesundheits-Deprivation*: Kinder, die gegen keine Kinderkrankheit geimpft sind und in jüngster Zeit an Di-arrhö (Durchfall) erkrankten, ohne dass sie deswegen medizinisch behandelt wurden.
5. *Schwere Wohnraum-Deprivation*: Kinder, die sich mit noch mindestens vier weiteren Personen einen Raum teilen müssen oder in Räumen ohne Estrich (also nur mit Lehm-boden) leben.
6. *Schwere Bildungs-Deprivation*: Kinder zwischen 7 und 18 Jahren, die nie zur Schule gegangen sind und die auch derzeit nicht zur Schule gehen.
7. *Schwere Informations-Deprivation*: Kinder zwischen 3 und 18 Jahren, die zu Hause keinen Zugang zu Radio, Fernse-hen, Telefon oder Zeitung haben.
8. *Schwere Deprivation in Bezug auf Basisdienstleistungen*: Kinder, die mindestens 20 Kilometer von einer Schule oder mindestens 50 Kilometer von einer Gesundheitssta-tion oder einem Arzt entfernt leben.

In vielen Fällen lassen sich die oben beschriebenen schweren Mangelerscheinungen auf ein niedriges Familieneinkommen zurückführen. Aber das Familieneinkommen ist – wie besprochen – nicht immer der alleinige Gradmesser. Weitere Ursachen könnten Diskriminierungen, Traditionen oder andere Umstände sein, beispielsweise wenn einem Mädchen der durchaus mögliche Schulbesuch aus Gründen des Frauenverständnisses verweigert wird oder wenn Unterernährung nicht aufgrund von mangelndem Einkommen, sondern aufgrund von Krankheit oder Vernachlässigung entsteht.

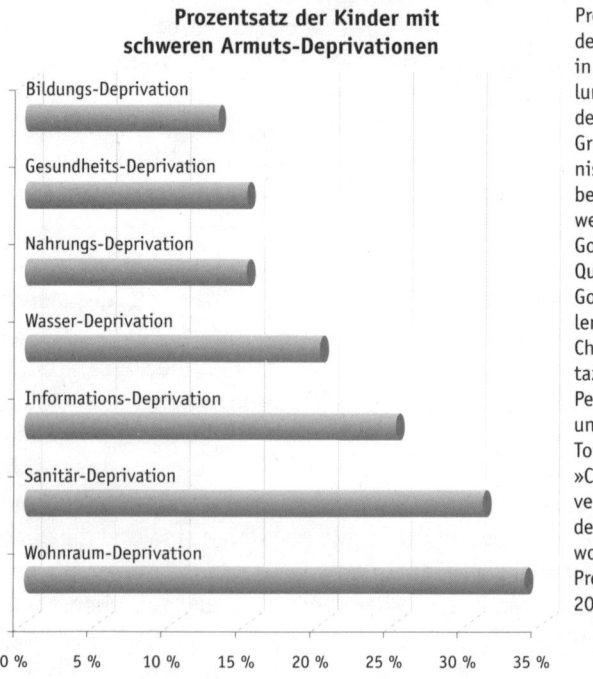

Prozentsatz der Kinder mit schweren Armuts-Deprivationen

Prozentsatz der Kinder in Entwicklungsländern, deren Grundbedürfnisse nicht befriedigt werden (nach Gordon et al). Quelle: David Gordon, Shailen Nandy, Christina Pantazis, Simon Pemberton und Peter Townsend: »Child poverty in the developing world«, Policy Press: Bristol 2003.

Nach der von Gordon vorgeschlagenen Klassifizierung sollte die absolute Armut also nicht mehr durch das Einkommen bestimmt werden – etwa nach der üblichen *one-dollar-income-*

Regel der Weltbank (inzwischen auf 1,25 Dollar heraufgesetzt) –, sondern durch die oben beschriebenen schweren Deprivationen. Und zwar derart, dass mindestens zwei Deprivationen vorliegen müssen, um den Tatbestand der absoluten Armut zu konstatieren. Dies hat freilich Auswirkungen auf statistische Erhebungen zur Verbreitung von Kinderarmut.

4. Verbreitung von Kinderarmut

Die Grafik links zeigt, dass Wohnraum, sanitäre Anlagen, Wasserversorgung und Informationen diejenigen Bereiche mit der höchsten Deprivationsrate in Entwicklungsländern sind. Niedrigere Deprivationsraten liegen vor für die eher »klassischen« Bereiche der Nahrungsmittelversorgung, Gesundheitsversorgung und Schulbildung. In diesen Bereichen sind aufgrund großer Anstrengungen der letzten Jahre erhebliche Fortschritte erzielt worden. Dabei wurden die übrigen Bereiche offenbar etwas vernachlässigt. Gerade diese Bereiche bedürfen nun der besonderen Aufmerksamkeit, wenn wir der Kinderarmut in Zukunft Herr werden wollen.

Unzureichende Wohnverhältnisse mit zu vielen Personen, die sich ein Zimmer teilen müssen, führen u. a. zu vermehrter Ansteckung mit Infektionskrankheiten (Masern, Atemwegserkrankungen usw.), aber auch zu Unfällen und Verletzungen. Fehlende sanitäre Anlagen stehen in einem direkten kausalen Verhältnis zu Erkrankungen wie Diarrhö und Mangelernährung. Und wo sanitäre Anlagen doch gebaut wurden, sind sie oft nicht kindgerecht. Mangelndes oder unsauberes Wasser ist eine der wichtigen Ursachen für Krankheiten und damit für Schulausfall. Die Verbesserung der Wasserqualität hat unmittelbare Folgen für eine bessere Gesundheit von Kindern. Es ist unzumutbar, wenn Kinder ihr Trinkwasser aus Flüssen, Seen, Teichen oder primitiven Wasserlöchern holen müssen.

Bei alledem leiden Kinder oft an einem Mangel an Information. »Wissen ist Macht«, und wenn Kindern lebenswichtige Informationen vorenthalten bleiben, werden sie zu Menschen zweiter Klasse abgestempelt. Eventuell vorhandene Zeitungen und Internetzugänge werden keinen Effekt haben, wenn Kinder nicht lesen und schreiben können. Darum gilt es als sinnvoll, gerade in ländlichen Gegenden das Radio zugänglich zu machen, ist es doch eines der wirksamsten Mittel, um Menschen aufzuklären und Kinder zu informieren, die nicht lesen und schreiben können.

In ihrer Studie haben Gordon und seine Mitautoren entsprechend den von ihnen erarbeiteten Kriterien die Prävalenz (Verteilung) von absoluter Armut bei Kindern untersucht und sind zu folgenden Ergebnissen gekommen:

- Mehr als ein Drittel aller Kinder in Entwicklungsländern (37 Prozent oder 674 Millionen) leben in absoluter Armut.
- Die Raten für absolute Armut sind mit 65 Prozent in Subsahara-Afrika und 59 Prozent in Südasien am höchsten.
- In Lateinamerika und der Karibik sowie in Ostasien und im Pazifik sind die Raten mit 17 Prozent und 7 Prozent relativ niedrig.
- Kinder in ländlichen Regionen haben eine höhere Armutsrate als Kinder in den Städten; in Subsahara-Afrika und Südasien betragen diese Raten gut über 70 Prozent.
- Mehr als die Hälfte der Kinder in den Entwicklungsländern leidet an Deprivation bei mindestens einem Grundbedürfnis, das sind 56 Prozent der Kinder oder eine Milliarde.
- In zwei Regionen – Südasien und Subsahara-Afrika – leiden mehr als 80 Prozent der Kinder an mindestens einer schweren Deprivation.
- Die höchste Deprivationsrate finden wir bei Kindern in den ländlichen Gebieten Südasiens und Subsahara-Afri-

kas, nämlich mehr als 90 Prozent. Sehr hohe Raten für ländliche Gebiete finden wir aber auch im Mittleren Osten und in Nordafrika (82 Prozent).

- Die höchsten Deprivationsraten gibt es bei den Grundbedürfnissen Wohnraum und sanitäre Anlagen.
- Mehr als eine halbe Milliarde Kinder in den Entwicklungsländern (34 Prozent) müssen sich ein Zimmer mit noch mindestens vier weiteren Personen teilen.
- Mehr als eine halbe Milliarde Kinder in den Entwicklungsländern (31 Prozent) haben keine Toilette in Reichweite.
- Fast eine halbe Milliarde Kinder in den Entwicklungsländern (25 Prozent) haben zu Hause keinen Zugang zu Radio, Fernsehen, Telefon oder Zeitung.
- 376 Millionen Kinder in den Entwicklungsländern (20 Prozent) müssen mehr als fünfzehn Minuten laufen, um Wasser zu holen, oder haben nur Zugang zu unsauberem Oberflächenwasser.
- Mehr als 15 Prozent der Kinder unter fünf Jahren in den Entwicklungsländern haben nicht genug zu essen (Qualität und Quantität) und sind unterernährt; die Hälfte davon lebt in Südasien (91 Millionen Kinder).
- 265 Millionen Kinder in den Entwicklungsländern sind nicht geimpft und wurden, obwohl erst kürzlich ernsthaft an Diarrhö erkrankt, nicht medizinisch versorgt.
- 134 Millionen Kinder zwischen 7 und 18 Jahren (13 Prozent) haben noch nie eine Schule besucht.
- Weltweit gibt es eine Geschlechterungleichheit insbesondere hinsichtlich der Bildungs-Deprivation. Davon betroffen sind vor allem Kinder in muslimischen Ländern. Im Nahen und Mittleren Osten sowie in Nordafrika sind Mädchen dreimal mehr als Jungen gefährdet, keinerlei Schulbildung zu erhalten.

Die hier aufgelisteten Kinder sind aufgrund ihrer Mangelerscheinungen so gefährdet, dass sie kurzfristig und langfristig großen Schaden nehmen. Viele von ihnen sind dem Tode geweiht, andere tragen langfristige gesundheitliche und geistige Unterentwicklungen davon. Einige bleiben in ihrer körperlichen, geistigen und psychischen Entwicklung zurück und sind zu fortdauernder absoluter Armut verdammt.

Lehren, die zu ziehen sind

Eine der Lektionen, die aus der Definition und der Verteilung von Kinderarmut gelernt werden müssen, ist, dass in Zukunft mehr getan werden muss, um die Wohnsituationen armer Menschen in den Entwicklungsländern zu verbessern, insbesondere im Hinblick auf sauberes Wasser und sanitäre Anlagen. Es kann gezeigt werden, dass die größten Fortschritte, welche die Menschen in den Industrienationen erfahren haben, dadurch erzielt wurden, dass der Staat substanziell in den Bau von Wohnungen, Wasserversorgung und Abwassersystemen investierte. Darum müssen die UN, die Geberländer, Nichtregierungsorganisationen und Regierungen der Entwicklungsländer mehr unternehmen, um in diesen Bereichen zu investieren. Es reiche nicht aus, sagt Gordon, diese Aufgabe der Wirtschaft oder dem privaten Sektor zu überlassen; denn die Wirtschaft ist gewinnorientiert und wird deswegen kaum Geld dafür ausgeben.

Eine weitere Lehre, die zu ziehen ist, betrifft eine Neubetrachtung der Bedürfnisse von Kindern im 21. Jahrhundert. Anders als das 19. und 20. Jahrhundert ist das 21. Jahrhundert von der Informationsgesellschaft und vom Kommunikationszeitalter gekennzeichnet. Wer keinen Zugang zu Informationen hat, gerät ins Hintertreffen. Stärker denn je stellt die Informations-Deprivation ein hohes Risiko für Leben, Gesundheit, Lebensstandard und gesellschaftliche Integration dar. Deshalb sollte in Zukunft mehr getan werden, um auch der ländlichen Bevölkerung in den Entwicklungsländern wichtige Informationen zukommen zu lassen: durch Radiostationen und Radios, durch Schulbildung sowie durch Elektrifizierung, Internet und Telefonsysteme.

Gordon macht auch den Vorschlag, Kindern, denen wichtige Grundbedürfnisse vorenthalten bleiben, durch finanzielle Sozialleistungen unter die Arme zu greifen. Es könne nicht länger hingenommen werden, meint er, dass die Weltgemeinschaft und die Nationalstaaten Kindern die elementarsten Rechte verweigerten, zu deren Gewährung und Erfüllung sie sich in internationalen Konventionen verpflichtet hätten. Er schlägt zu diesem Zweck einen UN-Fonds vor, aus dem Länder mit hoher Kinderarmut dabei unterstützt werden, die Kinder zu fördern, sei es durch *cash transfers* (Barauszahlungen wie Hartz IV) oder Sachgüter.[35] Ein weiterer Zweck dieses Fonds solle es sein, den Ländern bei der Investition in Wohnraum, Wasserversorgung und Abwassersystemen zu helfen.

Schließlich gilt es auch, ein besonderes Augenmerk auf die Geschlechtergerechtigkeit zu lenken. Laut Gordon gehen 168 Millionen Mädchen im Alter zwischen 5 und 17 Jahren wirtschaftlichen Tätigkeiten nach, sodass sie meist auf eine Schulbildung verzichten müssen. Kinderarbeit und Kinderarmut gehen oft Hand in Hand. Kinderarbeit hat in vielen Fällen den durchaus nachvollziehbaren Sinn, das Haushaltseinkommen der Familie zu stärken. Aber Kinderarbeit ist auch eine Ursache dafür, dass Armut von Generation zu Generation weitergegeben wird, weil den davon betroffenen Kindern die Chance genommen wird, sich durch Bildung und Ausbildung neue Einkommensmöglichkeiten zu erschließen.

5. Körperliche und geistige Unterentwicklung

Forschungsstudien haben gezeigt, dass es eine direkte kausale Beziehung zwischen dem Phänomen der körperlichen Unterentwicklung (engl. *Stunting*) und der Armut gibt. *Stunting* bedeutet, dass Kinder kleiner sind, als sie – bezogen auf ihr

Alter – eigentlich sein sollten. 226 Millionen Kinder unter fünf Jahren leiden weltweit an dieser körperlichen Unterentwicklung,[36] das ist etwa ein Viertel der Kinder dieses Alters. Wir finden das *Stunting*-Phänomen vorwiegend unter den ärmsten Bevölkerungsschichten, vor allem bei Slumbewohnern von überbevölkerten Städten und in den ländlichen Regionen armer, unterentwickelter Länder.

Es konnte ferner gezeigt werden, dass Kinder, die von *Stunting* betroffen sind, in der Schule zurückbleiben und geringere kognitive Fähigkeiten entwickeln als andere Kinder, sodass sie auch später als Erwachsene eher zur Armut verurteilt sind. Wenn körperlich unterentwickelte Mädchen erwachsen werden, neigen sie überdies dazu, wiederum untergewichtige Babys zu gebären, wodurch sich *Stunting* als übergreifendes Generationenproblem fortsetzt.

Eine Langzeitstudie mit Kindern in Cebu City, Philippinen, zeigte, dass zwei Drittel der untersuchten Kinder körperlich unterentwickelt waren, 28 Prozent sogar stark unterentwickelt (»*severely stunted*«). Das Ergebnis der Studie wurde wie folgt zusammengefasst: »Unterernährung im frühen Kindesalter korreliert mit Defiziten bei der intellektuellen Entwicklung von Kindern, die trotz Schulbildung bestehen bleiben und das Lernvermögen beeinträchtigen.«[37]

Erschreckend war, dass Kinder, die bis zum Alter von sechs Monaten bereits körperlich unterentwickelt waren, auch noch im Alter von zwei Jahren zu den physisch am meisten zurückgebliebenen Kindern zählten. Diese Kinder, so zeigte die Studie, erzielten im Alter von acht und elf Jahren bei Intelligenztests signifikant niedrigere Werte als Kinder, die körperlich normal entwickelt waren. Die stark unterentwickelten Kinder waren im Alter von zwei Jahren durchschnittlich elf Zentimeter (!) kleiner als normale Kinder. Und ihre IQ-Werte im Alter von acht Jahren lagen um elf IQ-Punkte niedriger als bei den normalen Kindern. (Im Alter von elf Jahren betrug die Differenz jedoch nur noch fünf IQ-Punkte.)

Allerdings muss man hier mit der Zuweisung ursächlicher Zusammenhänge vorsichtig sein: »*Stunting* ist nicht die unmittelbare Ursache für die schlechte intellektuelle Entwicklung von Kindern«, meint Linda Adair von der University of North Carolina, »vielmehr sind es dieselben Faktoren, die sowohl der körperlichen Unterentwicklung als auch der geistigen Unterentwicklung zugrunde liegen.«[38] Gleichwohl ist *Stunting* ein untrügliches *Symptom* für körperliche und geistige Unterentwicklung mit langfristigen Folgen für Leben, Beruf und Einkommen.

Was sind die Ursachen für *Stunting*? Bei der Studie in Cebu City wurden als Gründe angegeben: niedriges Geburtsgewicht, ungünstige Stillgewohnheiten (kein exklusives Stillen in den ersten sechs Lebensmonaten, inadäquate Zusatznahrung nach den ersten sechs Monaten), häufige Durchfallerkrankungen sowie Erkrankungen der Atemwege. Körperlich unterentwickelte Kinder gehen aufgrund all dieser Faktoren später zur Schule und fehlen häufiger im Unterricht. Diese Studien drängen uns vier wichtige Erkenntnisse auf:

1. *Stunting* ist ein sehr aussagefähiger Indikator für Armut und Unterentwicklung (jedenfalls ein besserer Indikator als z. B. Untergewichtigkeit).
2. Die Erfolge von Maßnahmen zur Bekämpfung von Kinderarmut lassen sich am besten daran ablesen, inwieweit das Vorkommen von *Stunting* bei Kindern unter fünf Jahren, besser noch bei Kindern unter zwei Jahren, reduziert werden kann.
3. Maßnahmen zur Bekämpfung von Kinderarmut sollten gezielt die Verbesserung von perinataler Gesundheit ins Auge fassen; sie sollten also schon bei der Gesundheit der schwangeren Mutter sowie beim neugeborenen Kind im Alter von bis zu sechs Monaten ansetzen.
4. Insgesamt gilt es, die Gesundheit und das Wachstum von Kindern unter fünf Jahren und insbesondere von Kindern

unter zwei Jahren zu fördern, um spätere körperliche und geistige Unterentwicklung zu verhindern.

Juliane Friedrich, Expertin für Ernährungssicherung und Nahrungsmittelhilfe, ist der Überzeugung, dass Entwicklungsorganisationen aus obigen Erkenntnissen die entsprechenden Konsequenzen ziehen sollten und sich zur Verhinderung dauerhafter Schäden, die sich aus Unterernährung und dem *Stunting* ergeben, auf folgende Maßnahmen[39] konzentrieren müssten:

1. Interventionen für die Mutter und das Kind:
- Überwachung der Entwicklung von Kindern und aktive Förderung im Dialog mit den Müttern und anderen Betreuungspersonen (*»growth monitoring and promotion«*);
- Unterstützung schwacher Gesundheitssysteme;
- Ausbildung von Freiwilligen im Gesundheitsbereich, vor allem von Hebammen;
- Förderung von Gemüseanbau, um Mikronährstoffmängeln zu begegnen;
- spezielle Ernährungsprogramme;
- Verbesserung der Wasserversorgung.

2. Verbesserung der Ernährungssicherung und des Einkommens:
- Stärkung der landwirtschaftlichen Produktion;
- Stärkung der Vermarktungsmöglichkeiten;
- Einführung von verbesserten Anbaumethoden (und Training);
- Einkommen schaffende Maßnahmen;
- Saatgutbereitstellung;
- Verstärkung der Widerstandskraft der Bevölkerung gegen mit Ernteausfällen verbundene Naturkatastrophen.

6. Weitere Aspekte der Kinderarmut

Kinderarmut ist nicht nur eine Sache des mangelnden Einkommens und Wohlstands, der mangelnden gesellschaftlichen Teilhabe und Integration oder der unzureichenden Ernährung und Gesundheit. Kinderarmut ist auch die Ursache von Phänomenen, die es in dieser Welt eigentlich nicht geben sollte und die eine eklatante Verletzung von Kinderrechten darstellen; Phänomenen, welche die Völkergemeinschaft nicht stillschweigend hinnehmen darf: Kinderarbeit und Ausbeutung, Straßenkinder, Kindersoldaten und Kinder als Opfer von Krieg und Vertreibung, missbrauchte Kinder sowie Kinder in kindgeführten Haushalte. Diese Phänomene können hier nur in aller Kürze beschrieben werden, dürfen aber als Folge- oder Begleiterscheinungen der Kinderarmut nicht unerwähnt bleiben.

Kinderarbeit und Ausbeutung

Kinderarbeit hat viele Formen und Gesichter. Es gibt leichte und tolerierbare Kinderarbeit, aber auch harte, gefährliche, unterbezahlte und ausbeuterische Formen der Kinderarbeit. Ursachen von Kinderarbeit sind bittere Armut, hohe Bildungskosten und der harte Überlebenskampf. Arbeitende Mädchen und Jungen werden nicht nur ihres Rechts auf eine ungetrübte Kindheit beraubt, sie haben oft keinerlei Bildungschance. Darüber hinaus zerrütten viele Kinder ihre Gesundheit, indem sie Arbeiten ausüben, denen sie physisch buchstäblich nicht gewachsen sind.

Wir sprechen von »ausbeuterischer Kinderarbeit«, wenn diese Arbeit dem Wohl und der Entwicklung des Kindes im Wege steht. Dies trifft vor allem für Beschäftigungen in gefährlichen und riskanten Industriezweigen zu. Ausbeuterische Kinderarbeit ist gekennzeichnet durch die Beschäftigung von sehr jungen Kindern (unter zwölf Jahren), durch lange Arbeitstage, Zwangs- oder Sklavenarbeit sowie durch gefährliche und gesundheitsgefährdende Arbeitsplätze. Zu den gefährlichsten und ausbeuterischsten Formen der Kinderarbeit zählen der Einsatz von Kindern als Soldaten (siehe unten) und als Zwangsprostituierte.

Das Internationale Arbeitsamt in Genf (ILO) schätzt, dass die Zahl der 5- bis 14jährigen Arbeiter rund 250 Millionen beträgt. Knapp die Hälfte der betroffenen Kinder und Jugendlichen stammt aus Asien. Schätzungen zufolge machen Einkünfte aus der Kinderarbeit etwa ein Drittel des Familieneinkommens in Lateinamerika aus. Dies zeigt, dass Kinderarbeit einen wichtigen wirtschaftlichen Faktor darstellt.

Gerade wegen des als unverzichtbar bezeichneten Beitrags von Kindern zum Familieneinkommen wird Kinderarbeit fälschlicherweise als eine unabänderliche Realität dargestellt, die man akzeptieren müsse. Kinderrechtler und Entwicklungsexperten hingegen sind der Meinung, dass Kinderarbeit abgeschafft werden kann und muss, besonders wenn sie Kinder daran hindert, sich körperlich und geistig zu entfalten.

Allerdings: Auf dem Weg zur Abschaffung von Kinderarbeit sind etliche Hindernisse zu überwinden: Zum einen muss man erkennen, dass viele arme Familien glauben, ohne das zusätzliche Einkommen ihrer Kinder ginge es einfach nicht. Diesen Familien muss man helfen, Nebeneinkünfte zu erschließen, damit sie nicht auf die Arbeit ihrer Kinder angewiesen bleiben. Wo den Eltern das Geld für den Schulbesuch der Kinder fehlt, sollte der Schulbesuch kostenlos angeboten werden.

Darüber hinaus ist es notwendig, den Menschen die bereits bestehenden Landesgesetze gegen Kinderarbeit (die es in den meisten Fällen bereits gibt) bewusst zu machen. Menschen müssen diese Gesetzte kennen und sich daran halten; außerdem muss die Einhaltung dieser Gesetze überwacht und ihre Missachtung und Verletzung bestraft werden.

Straßenkinder

Eng mit dem Problem der Kinderarbeit verbunden ist das Phänomen der Straßenkinder. Es ist schwierig, ihre genaue Zahl festzustellen, und die Schätzungen der Experten sind nicht einheitlich. Das hat schon mit der Definition dessen zu tun, was ein Straßenkind ist. Eine Zahl, die immer wieder genannt wird, aber nur unzureichend belegt ist, ist hundert Millionen Kinder, die weltweit auf den Straßen der Städte leben.

Nicht nur in den Entwicklungsländern hausen Kinder auf der Straße, sondern auch in den Wohlstandsstaaten haben sich Jugendliche von Elternhaus und Schule losgesagt, um ein Dasein am Rande der Gesellschaft zu fristen. In Deutschland gibt es rund 10 000 obdachlose Jugendliche.

Kinder und Jugendliche, die auf der Straße leben, sind ein Ausdruck von mangelnder familialer Betreuung und Fürsorge, von mangelnden Aussichten auf eine sinnvolle Zukunft und eines allgemeinen Gefühls der Resignation und Auflehnung. Diese Jugendlichen werden offenbar immer jünger. Angesichts fehlender Chancen auf Arbeit geraten viele auf die schiefe Bahn und gleiten in die Kriminalität ab.

Zahlreiche Straßenkinder nehmen regelmäßig Drogen oder drogenähnliche Mittel. Diese erlauben es ihnen, sich wenigstens zeitweilig vom täglichen Überlebenskampf zu erholen. In südamerikanischen Ländern »schnüffeln« viele und sind von Terpentin, Klebemitteln oder stärkeren Drogen abhängig. Den Drogenkonsum nehmen sie oft nicht als Ursache, sondern als vorübergehende Lösung ihrer Probleme wahr. Über die Folgen machen sie sich kaum Gedanken. Mit dem Drogenmissbrauch gehen oft Kinderprostitution und sexuelle Ausbeutung einher, was die Wahrscheinlichkeit einer HIV-Infektion erhöht.

In vielen Fällen sind Straßenkinder keine Waisen. Häufig leben ihre Familien in so ärmlichen oder zerrütteten Verhältnissen, dass die Kinder die Straße dem Zuhause vorziehen, wo Lieblosigkeit, Not, Gewalt und sexueller Missbrauch an der Tagesordnung sind.

Manche Experten unterscheiden drei Arten von Straßenkindern:

1. Kinder, die noch bei ihren Familien wohnen und schlafen, aber tagsüber auf der Straße leben und arbeiten (Engl.: *Children on the street*);
2. Kinder, die nur noch am Wochenende oder noch seltener nach Hause kommen, ansonsten aber auf der Straße leben und arbeiten. Das Elternhaus wird meist als Ort der Angst und Gewalt gemieden (Engl.: *Children of the street*);
3. Kinder, die ausschließlich auf der Straße leben und arbeiten und keinerlei Kontakt mehr zu irgendeinem Zuhause haben. Sie sind im vollen Sinn des Wortes obdachlos. Ihre Heimat ist die Straße (Engl.: *Children in the street*).

Einer der Gründe für die steigende Zahl der Straßenkinder in den Städten ist die Flucht zahlreicher Familien vom Land in die Stadt. Sie kommen mit der Hoffnung auf Arbeit und ein besseres Leben in die Metropolen, werden aber bitter enttäuscht. Viele Kinder werden auch von ihren Eltern losgeschickt, um etwas zum Familieneinkommen beizusteuern. Doch weil sie diese Erwartungen nicht erfüllen können, bleiben sie lieber auf der Straße.

Straßenkinder entbehren vieles von dem, was Kindern selbstverständlich sein sollte: Geborgenheit, regelmäßiges Essen, gesundheitliche Versorgung sowie Schul- und Berufsausbildung. Straßenkinder sind die Schattenseite der Gesellschaft.

Von Krieg und Konflikt betroffene Kinder

Es ist eine inzwischen oft wiederholte Tatsache: 90 Prozent aller Kriegsopfer sind Zivilpersonen, die meisten von ihnen Frauen und Kinder. Nur maximal 10 Prozent der Kriegsopfer sind Soldaten. Das war in früheren Kriegen umgekehrt. Zivilpersonen sind nicht nur unbeabsichtigte Opfer von Kriegen (»Kollateralschäden«), sondern werden häufig gezielt ins Visier genommen. Oft werden Kinder für den Krieg sogar direkt instrumentalisiert – als Kindersoldaten.

Ein Grund, weshalb heute mehr zivile Opfer zu beklagen sind als früher, ist die Tatsache, dass es weniger zwischenstaatliche Kriege als vielmehr innerstaatliche Bürgerkriege gibt. In diesen bewaffneten Konflikten kümmern sich die rivalisierenden Rebellengruppen wenig um internationale Standards der Kriegsführung. Wo nicht nur staatliche Strukturen, sondern auch Stammesverbände und ganze Wertesysteme verfallen, schrecken kriegführende Parteien vor nichts zurück, was anderen lieb und heilig ist. Wo menschliche und kulturelle Werte nichts mehr gelten, werden Kinder und Frauen abgeschlachtet, vergewaltigt und verstümmelt und brutaler Gewalt ausgesetzt. Hier tun sich unendliche Abgründe der Unmenschlichkeit auf.

Kinder, die nach der Kinderrechtskonvention gerade in Kriegszeiten ein Recht darauf haben, nicht von Feindseligkeiten unmittelbar betroffen zu sein, genießen in der Realität wenig Schutz vor kriegerischen Auseinandersetzungen, vor Beschuss und Bombardements, vor Vertreibung und Verletzung. Oft fliehen ihre Eltern vor den Gefahren, um in vermeintlich geschützteren Gegenden Zuflucht zu finden. Doch was sie vorfinden, ist nicht selten ebenso grausam. Überdies: Eine Evakuierung, die den Schutz der Kinder zum Ziel hat, bringt gerade für diese Kinder traumatische Erfahrungen mit sich: die Entwurzelung aus der angestammten Heimat, die Trennung von der Familie und nicht selten den Tod von Familienangehörigen. Hinzu kommen Verführungen durch Drogendealer, Zuhälter oder das Risiko illegaler Adoptionen.

Selbst in Flüchtlingslagern sind Kinder keineswegs sicher. Solche Lager sind des Öfteren militarisiert und werden in vielfältiger Weise instrumentalisiert. Kinder werden entführt, missbraucht oder vergewaltigt. Mädchen werden zur Prostitution getrieben.

Ein besonders krasser Fall von Missbrauch ist der erzwungene Einsatz von Kindern als Soldaten. Dies stellt eine eklatante Verletzung von Kinderrechten dar und ist dazu ein völkerrechtliches Vergehen. Kinder, die dazu verführt oder gezwungen werden, in Rebellentruppen zu kämpfen, können leicht manipuliert und zu Gewalttätigkeiten animiert werden, die zu verstehen und abzuwehren sie noch viel zu jung sind. Oft werden sie schon im Alter von acht oder neun Jahren entführt, als Soldaten ausgebildet und zum Töten genötigt. So werden sie nicht nur unschuldige Opfer, sondern auch schuldverstrickte Täter, die nicht nur mit den *an* ihnen, sondern auch mit den *von* ihnen begangenen Verbrechen fertig werden müssen.

Der technische Fortschritt hat dazu beigetragen, Kinder vermehrt als Soldaten einzusetzen: Automatische Kleinwaffen wie die russische Kalaschnikow AK 47 oder das deutsche Sturmgewehr G3 der Firma Heckler & Koch sind buchstäblich »kinderleicht« zu bedienen und werden weltweit als Massenvernichtungswaffen eingesetzt.

Manche Kinder sind durch die von ihnen erfahrene und begangene Gewalt traumatisiert und leiden an posttraumatischen Belastungsstörungen, von denen sie ihr Leben lang verfolgt werden. Andere sind weniger traumatisiert, weisen aber Kennzeichen der Verrohung oder einer schwer zu bändigenden Aggression auf.

Schlimm ergeht es Mädchen, die als Soldatinnen zwangsrekrutiert werden. Sie werden – wie dies beispielsweise in Nord-Uganda häufig der Fall war – nicht nur zum Töten gezwungen, sondern ihren Befehlshabern auch als Konkubinen zugeteilt. Die Folge: Sie erleiden neben Schussverletzungen auch Geschlechtskrankheiten und HIV-Infektionen.

Kinder werden nicht nur zwangsrekrutiert, sondern lassen sich nicht selten freiwillig in eine Armee einziehen, weil sie sich dadurch Nahrung und Einkommen, ja sogar Sinn und Status erhoffen. Die Gefahr, dass Kinder sich werben lassen, ist dann besonders groß, wenn sie aus armen Verhältnissen stammen, von ihren Familien getrennt leben, von zu Hause weggelaufen sind, keine Schulbildung genossen haben oder in einem Kriegsgebiet aufwachsen. Waisen und Flüchtlingskinder sind besonders gefährdet.

Gott sei Dank hat es im Kampf gegen den Einsatz von Kindern als Soldaten in den letzten Jahren enorme Fortschritte gegeben, aber der Kampf ist noch lange nicht gewonnen. Kinder sollten, mit den Worten Graça Machels (der dritten Frau von Nelson Mandela), »Zonen des Friedens« sein. Kinder haben ein Recht auf Frieden und ein Recht auf Schutz vor Gewalt und Missbrauch.

Prostitution und sexueller Missbrauch

Armut ist weiblich. Frauen erbringen den größeren Teil der Arbeitsleistungen eines Haushalts, besitzen aber nur ein Hundertstel des Eigentums. Das führt zu zahlreichen Benachteiligungen von Frauen und Mädchen. In vielen Teilen der Welt, vor allem in Südasien, sind Mädchen eine Belastung für die Familie, weil bei ihrer Hochzeit eine Mitgift fällig wird. Allerdings haben wir es dabei durchaus mit einem Zirkelschluss zu tun. Mädchen sind eine Last, weil sie nichts wert sind, und sie sind nichts wert, weil sie eine Last sind.

Dabei gilt weltweit das Gleichheitsprinzip: Kein Kind darf wegen seines Geschlechts benachteiligt werden. Dennoch wird Millionen von Mädchen etwa eine Schulbildung vorenthalten, weil man von ihnen nur erwartet, dass sie heiraten und Kinder bekommen. Aber selbst wenn sie zur Schule gehen, beenden gerade mal 60 Prozent der Mädchen die fünfte Klasse. Schwangerschaft und frühe Heirat sind der Hauptgrund für den Schulabbruch.

Neben weiblicher Benachteiligung und mangelnder Schulbildung spielt auch die Angst vor Gewalt und das Trauma von sexuellem Missbrauch eine Rolle im Leben der Mädchen und jungen Frauen. Ob in Tansania oder Thailand, Brasilien oder Bangladesch: Mädchen nehmen häufig das Wort »Angst« in den Mund, wenn sie über ihre Situation sprechen.

Gewalt gegen Mädchen kann viele Formen annehmen. Die immer noch weitverbreitete Mädchenbeschneidung gehört dazu. Häusliche Gewalt, Vergewaltigung und sexuelle Ausbeutung sind in einigen Ländern beinahe an der Tagesordnung. Unter dem Einfluss von Kriegen und bewaffneten Konflikten sowie durch die Abwanderung in die Städte zerfallen alte Familienstrukturen, die früher einen Schutz darstellten. Nicht wenige afrikanische Mädchen werden schon im Alter von sieben Jahren verführt oder vergewaltigt. Doch spricht in Afrika bis heute kaum jemand darüber.

Eine frühe Heirat erscheint vielen Eltern als eine angemessene Methode, ihre Tochter vor unerwünschten sexuellen Annäherungen zu schützen. Was als »früh« gilt, wird unterschiedlich gesehen. Es gibt längst nicht in allen Ländern ein gesetzlich festgelegtes Heiratsalter. In Äthiopien ist eine Heirat mit sieben oder acht Jahren nicht ungewöhnlich.

Schlimmer als eine frühe Heirat ist die kommerzielle sexuelle Ausbeutung von Kindern – also der Verkauf und die Benutzung von Mädchen als Sexobjekte. Dies ist eine der größten und verurteilungswürdigsten Verletzungen der Kinderrechte, eine Zerstörung der Kindheit, der Würde und der Gesundheit – mit lebenslangen seelischen Folgen. Eine Multimilliarden-Industrie degradiert Kinder zu vermarktbaren Verbrauchsgütern. Ein bis zwei Millionen Kinder geraten jedes Jahr in die Fänge des illegalen Sexmarktes. Viele werden gekidnappt und verkauft, um sie zu sexuellen Handlungen zu zwingen, in Bordellen gefangen zu halten oder vor laufender Kamera zu vergewaltigen. Das Geschäft mit Kinderkörpern boomt, denn aus Angst, sich mit dem HI-Virus anzustecken, ist die Nachfrage nach immer jüngeren, »unverbrauchten« Kindern, die noch nicht infiziert sind, gestiegen.

Kein Zweifel: Armut ist eine der Ursachen, weshalb Kinder und Jugendliche in die Prostitution getrieben werden oder sich freiwillig prostituieren. Unwissenheit, zerfallene Familienstrukturen und Migration sind weitere Faktoren.

Sexuell ausgebeutete Mädchen werden nicht nur körperlich und sexuell missbraucht. Sie sind auch Infektionen und Geschlechtskrankheiten ausgesetzt, ganz zu schweigen von

AIDS. Doch neben den gesundheitlichen Problemen sind es die häufig auftretenden psychischen und sozialen Probleme, die das Leben dieser jungen Menschen manchmal zur Hölle machen. Traumatisierungen aufgrund von sexueller Gewalt dürfte einer der häufigsten Auslöser für psychische Erkrankungen und gescheiterte Lebensbiografien sein.

Kindgeführte Haushalte

Kindgeführte Haushalte sollte es eigentlich nicht geben. Kindgeführte Haushalte widersprechen den Kinderrechten, die vorsehen, dass Kinder ein Recht auf angemessene Betreuung haben. Ein Kind, das aus seiner familiären Umgebung herausgelöst wurde, hat eigentlich »Anspruch auf den besonderen Schutz und Beistand des Staates« und auf »andere Formen der Betreuung« (Artikel 20 der KRK). Nicht vorgesehen ist, dass Kinder sich selbst überlassen bleiben und sich selbst betreuen müssen. Doch genau das ist gemeint, wenn wir von »kindgeführten Haushalten« sprechen.

Das Phänomen der kindgeführten Haushalte entstand im Zuge des Völkermords von Ruanda, als Hunderttausende von Menschen ermordet wurden, ohne dass die Völkergemeinschaft eingriff. Die Folge war, dass viele Kinder ihre Eltern verloren, tief traumatisiert wurden und sich selbst überlassen blieben. Verwandte oder Adoptiveltern, die für die Waisen hätten sorgen können, waren nicht vorhanden. In den meisten Fällen war es die älteste Tochter, die sich um ihre kleineren Geschwister kümmern musste. Oft war sie mit ihren häuslichen und erzieherischen Aufgaben überfordert, musste zudem auf Schulbesuch und Ausbildung verzichten. Hilfsorganisationen begannen, sich der Kinder anzunehmen und ihnen eine Betreuung durch besuchende Sozialarbeiter zu gewähren.

Eine neue Dimension kindgeführter Haushalte entstand durch die Verbreitung von HIV und AIDS in Subsahara-Afrika. Millionen von Eltern starben an AIDS und hinterließen Kinder, die sich selbst überlassen blieben. Auch Onkel und Tanten waren weggestorben, sodass die Großfamilie oder der Clan ihrer bzw. seiner sonst üblichen Pflicht der Waisenbetreuung nicht nachkommen konnte. Es konnten nicht so viele Waisenheime gebaut werden, wie Waisen vorhanden waren. Das wäre auch unbezahlbar gewesen. So mussten neue Wege der Betreuung, der Wiedereingliederung, der familialen Fürsorge gefunden werden.

Kinder in kindgeführten Haushalten entbehren Zuneigung, Sicherheit, Geborgenheit und Fürsorge. Sie haben meist niemanden, von dem sie Hilfe erwarten könnten, und besitzen kaum das Nötigste zum Leben. Hinzu kommt, dass sie manchmal von Nachbarn oder Fremden ausgenutzt und ausgebeutet werden und deshalb ihr Vertrauen in die Gesellschaft, die sie eigentlich schützen sollte, verlieren. Viele dieser Kinder gehen hungrig zu Bett, können sich keine Schulbücher und Schulkleidung leisten und leben ganz am Rande der Gesellschaft. Mehr als zwölf Millionen Kinder gibt es derzeit, die ein oder beide Elternteile aufgrund von AIDS verloren haben. Nicht alle finden Aufnahme in einer Pflegefamilie.[40]

Glücklicherweise gibt es inzwischen wirksame Strategien, wie man diesen Kindern in ihrer schwierigen Lage helfen kann. Dazu bedarf es vor allem des beherzten Engagements der Kommunen und Dorfgemeinschaften, in denen diese Kinder leben. So genannte *Community Care Coalitions* (CCC) sorgen für regelmäßige Besuche und Betreuung, für materielle Hilfe und ausreichende Nahrungsmittel, stellen sicher, dass die Waisen Zugang zu wichtigen Dienstleistungen haben wie: Registrierung beim Einwohnermeldeamt, Schulbesuch, Gesundheitsversorgung usw. Ein wesentliches Ziel der Betreuung ist es aber, die Kinder so bald wie möglich in Familien unterzubringen, die ihnen die Fürsorge, Sicherheit und Geborgenheit vermitteln, die sie benötigen, um mit Selbstvertrauen und Zuversicht ihre eigene Zukunft meistern zu können.

7. Aspekte des Kindeswohls

Kinder haben nicht nur ein Recht auf Schutz vor Gewalt, Missbrauch und Ausbeutung, sondern auch darauf, dass Entscheidungen, die sie betreffen, in ihrem Interesse und zu ihrem Wohl ausfallen.

Das »Kindeswohl« ist zunächst ein Begriff des Familien- und Scheidungsrechts. Wir dürfen das Kindeswohl jedoch nicht nur unter diesem engen juristischen Gesichtspunkt betrachten. Vielmehr ist das Kindeswohl als Ausdruck des gesamten Wohlergehens eines Kindes zu sehen. Dazu gehören Gesundheit und Ernährung ebenso wie Erziehung und Bildung, aber auch die Berücksichtigung der Prinzipien der Bindung, Betreuung und Beziehung; man könnte auch von der spirituellen Dimension des Kindeswohls sprechen. Schließlich geht es noch um den Schutz des Kindes (vor Misshandlung, Missbrauch und Ausbeutung), um die Partizipation des Kindes an Entscheidungen, die es betreffen, und um die Teilhabe des Kindes an gesellschaftlichen Prozessen.

Die Hilfsorganisation World Vision hat jüngst sogenannte *Child Well-being Outcomes* (CWBO) formuliert, frei übersetzt: Kindeswohlziele, die bei der Bekämpfung von Kinderarmut berücksichtigt werden müssen. Dabei wurden vier Säulen des Kindeswohls definiert und entsprechende Indikatoren (Messgrößen) entwickelt. Die vier Säulen sind:

1. Gesundheit und Ernährung
2. Erziehung und Bildung
3. Spiritualität und Verantwortung
4. Kinderschutz und Partizipation

Es lohnt sich, diese vier Säulen einmal näher zu betrachten und aufzuzeigen, was getan werden muss, damit den Kindern die ihnen zustehenden Leistungen nicht länger vorenthalten bleiben.

Gesundheit und Ernährung

Die Weltgesundheitsorganisation definiert Gesundheit als »einen Zustand vollständigen körperlichen, geistigen und sozialen Wohlbefindens, nicht nur die Abwesenheit von Krankheit und Gebrechen.[41] Dem steht die Tatsache gegenüber, dass fast neun Millionen Kinder jährlich an Krankheiten und Infektionen sterben, die leicht heilbar sind und eigentlich nicht zum Tod führen müssten, wenn die Kinder besser ernährt wären und früher behandelt würden. In den Industrienationen liegt die Sterblichkeitsrate von Kindern unter fünf Jahren bei 6 pro 1000 Geburten. In den Entwicklungsländern liegt sie bei 72 pro 1000. In Subsahara-Afrika ist sie mit 144 pro 1000 am höchsten.

Todesursachen von Kindern unter fünf Jahren

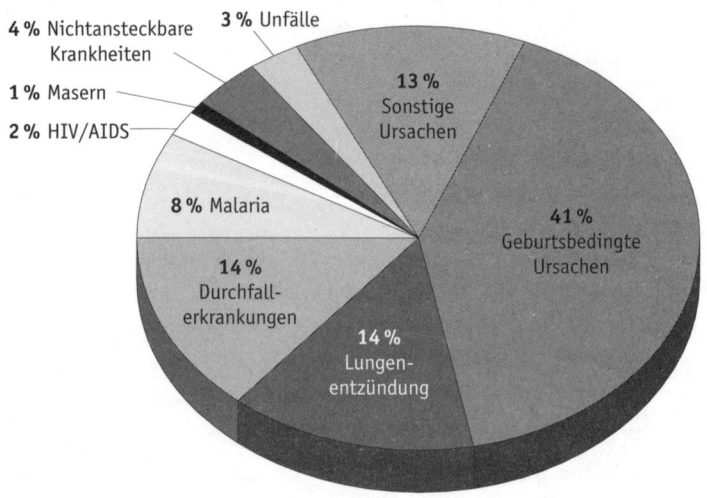

Die häufigsten Todesursachen von Kindern unter fünf Jahren.
Quelle: WHO-Statistik 2010. Grafik: World Vision.

Die wichtigsten Todesursachen für Kinder unter fünf Jahren sind Komplikationen vor, während und kurz nach der Geburt

(41 Prozent); es folgen an zweiter Stelle Lungenentzündung und andere Atemwegserkrankungen (14 Prozent) sowie Diarrhö als dritthäufigste Ursache (14 Prozent). Weitere Todesursachen sind Malaria, Masern, HIV/AIDS sowie Unfälle und Verletzungen. Dabei ist zu beachten, dass vielen Todesfällen ein viel tieferes Problem, nämlich die Unterernährung, zugrunde liegt. Sie ist indirekt für rund 35 Prozent (manche sagen: über 50 Prozent[42]) aller Todesfälle bei Kindern unter fünf Jahren verantwortlich. Das bedeutet, dass diese Erkrankungen der Kinder wahrscheinlich nicht tödlich gewesen wären, wären sie nicht mit einer chronischen Unterernährung verbunden gewesen. Bei Kindern, die hungern, führt Malaria oder eine Masernerkrankung also eher zum Tode als bei normal ernährten Kindern. Deswegen müssen Gesundheit und Ernährung stets eng zusammengesehen werden.

Mangelernährung spielt bei 35 % aller Kindertode eine Rolle

Mangelernährung ist aufgrund der Zusammenhänge zwischen Ernährung, Immunsystem und Krankheit die zugrunde liegende Ursache eines Drittels aller Todesfälle bei Kindern unter fünf Jahren. Quelle: World Vision.

Die Geburt eines Kindes – das größte Geschenk, das einem Kind gemacht werden kann – ist zugleich die größte Gefahr für sein

Leben. Fast vier Millionen Babys sterben in den ersten vier Wochen ihres Lebens. Das sind fast 40 Prozent aller Todesfälle bei Kindern unter fünf Jahren. Nichts ist so lebensgefährlich wie das Leben selbst. Die meisten dieser Todesfälle könnten verhindert werden, wenn Gesundheitsdienste verfügbar und zugänglich wären, wenn Geburtshelfer und Hebammen besser ausgebildet oder doch wenigstens bei der Geburt anwesend wären. In Deutschland, wo die Kindersterblichkeitsrate von 250 pro 1000 Geburten im Jahre 1870 (höher als derzeit in Subsahara-Afrika!) auf heute 4 pro 1000 Geburten gesenkt werden konnte, sterben nur noch wenige Kinder bei der Geburt – dank einer stark verbesserten Geburts- und Perinatalmedizin.

Lungenentzündungen und andere Atemwegserkrankungen verursachen rund ein Fünftel aller Todesfälle von Kindern unter fünf Jahren: zwei Millionen jährlich. Circa 85 Prozent davon könnten relativ leicht vermieden werden, etwa durch regelmäßiges Händewaschen, durch ausschließliches Stillen in den ersten sechs Lebensmonaten des Kindes und durch rechtzeitige medizinische Betreuung und Behandlung.

Diarrhö als dritthäufigste Todesursache ist verantwortlich für den Tod von jährlich 1,5 Millionen Kindern unter fünf Jahren. Auch hier gilt, dass die meisten dieser kleinen Menschen am Leben bleiben würden, wenn sauberes Trinkwasser und sanitäre Anlagen verfügbar wären und bessere Hygienestandards eingehalten würden. Allein durch regelmäßiges Händewaschen (möglichst mit Seife!) könnten 45 Prozent der Sterbefälle verhindert werden. Auch die rechtzeitige Verabreichung einer Rehydrationslösung (engl. *Oral Rehydration Therapy* oder ORT) würde zahlreiche Fälle von Kindersterblichkeit durch Diarrhö vermeiden.

Weiterhin könnten viele Fälle von Malaria, Masern und anderen Infektionserkrankungen abgewendet werden, wenn Impfprogramme flächendeckend angeboten und therapeutische

Medikamente rechtzeitig verabreicht würden. Im Hinblick auf Malaria konnten enorme Fortschritte durch Moskitonetze erzielt werden, die mit Insektiziden imprägniert waren. Die Kinderkrankheit Masern ist nicht nur verantwortlich für 750 000 Todesfälle bei Kindern unter fünf Jahren, sondern auch für zahlreiche Erblindungen in Fällen, wo die Masern nicht zum Tode führten. Umso wichtiger sind die prophylaktische Masernimpfung und eine Nahrung, die reich an Vitamin A ist. Im Falle von Masernerkrankungen bei unterernährten Kindern ist es wichtig, sofort eine hohe Vitamin-A-Dosis zu verabreichen, um Blindheit zu verhindern.

Wie erwähnt, ist chronischer Hunger eine vielen Erkrankungen und Todesfällen zugrunde liegende Ursache: Unterernährte Kinder haben nicht die nötige Widerstandskraft, um gegen Lungenentzündung, Diarrhö, Malaria oder andere Infektionskrankheiten gewappnet zu sein. Daher genügt es nicht, sich um eine ausreichende Gesundheitsversorgung von Kindern zu kümmern; man muss auch eine gute Ernährung sicherstellen. Unterernährung schwächt das Immunsystem, sodass sich das Kind leichter infiziert, es erkrankt und eine Erkrankung eher zum Tode führt.

Von größter Bedeutung sind hier die ersten beiden Lebensjahre. In dieser frühen Zeit erleben wir die höchsten Kindersterblichkeitsraten. Und in dieser Zeit führen Mangel- und Unterernährung, wie wir bereits weiter oben gesehen haben, zu irreparablen Schäden.

Mindestens 150 Millionen Kinder leiden an Unterernährung und chronischem Hunger. Das ist angesichts des Wohlstandes der westlich-industrialisierten Welt ein unbeschreiblicher Skandal. Obwohl weltweit genug Nahrungsmittel vorhanden sind, scheinen wir nicht in der Lage zu sein, einen Großteil der Kinder dieser Erde zu ernähren. Die Völkergemeinschaft, die sich vorgenommen hat, den Hunger abzuschaffen, hat es bisher nicht fertiggebracht, die nötigen Schritte zur Erreichung dieses Ziels einzuleiten. Wir sind zwar in der Lage, innerhalb weniger Wochen Hunderte Milliarden von Dollars und Euros für die Rettung von Banken und Automobilherstellern bereitzustellen; aber wir sind nicht willens oder imstande, hungernden Kindern die nötigen Essensrationen zu gewähren.

»Ein Kind, das an Hunger stirbt, wird ermordet«, meint der Soziologe Jean Ziegler, der Befürworter einer wirksameren Armutsbekämpfung und gerechteren Weltwirtschaftsordnung.[43] Es ist nötig, sich nicht nur der Gesundheitsfrage, sondern auch der Frage der Ernährungssicherheit zu stellen. Gerade bei den jüngsten Kindern geht es aber nicht nur um die *Quantität* der Nahrung, sondern auch um ihre *Qualität*, weil schon das Fehlen von wenigen Spurenelementen zu ernsthaften Erkrankungen führen kann.

Sterblichkeit von Kindern unter 5 Jahren nach Regionen

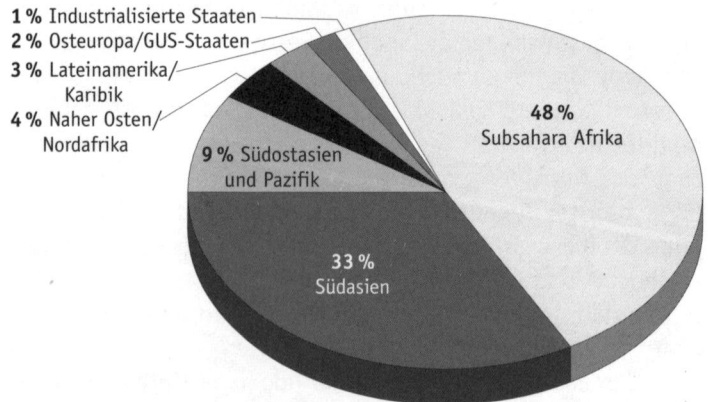

1 % Industrialisierte Staaten
2 % Osteuropa/GUS-Staaten
3 % Lateinamerika/ Karibik
4 % Naher Osten/ Nordafrika
9 % Südostasien und Pazifik
48 % Subsahara Afrika
33 % Südasien

Die Sterblichkeit von Kindern unter fünf Jahren nach Weltregionen.
Quelle: UNICEF 2007; Grafik: World Vision.

Bei der Ernährung unterscheiden wir zwischen Makronährstoffen und Mikronährstoffen (Spurenelementen). Unter Makronährstoffen verstehen wir die großen Nahrungsmittelgruppen: Kohlehydrate (wie in Nudeln, Kartoffeln und Brot), Eiweiß (wie in Fleisch, Käse und Eiern) sowie Fette (wie in Butter, Öl, Schokolade). Unzureichende Makronährstoffe führen zu Unterernährung und Untergewicht. 16 Prozent aller Kinder in den Entwicklungsländern sind untergewichtig. Untergewichtige Kinder haben eine vielfach höhere Wahrscheinlichkeit, an Infektionskrankheiten zu sterben, als normal ernährte Kinder.

Das Fehlen von Mikronährstoffen führt zu Mangelernährung. Man spricht auch vom »unsichtbaren Hunger«. Mikronährstoffe sind Vitamine und Mineralien, die wir vor allem in Gemüse und Obst finden. Kinder, die zwar genug zu essen bekommen, aber nicht ausreichend mit diesen Spurenelementen versorgt werden, laufen Gefahr, an Infektionen zu erkranken oder Behinderungen zu bekommen. Vitamin-A-Mangel kann, wie gesagt, zur Erblindung führen, Jodmangel zu geistiger Behinderung und Kleinwuchs. Eisenmangel kann bei Mädchen und Frauen zu körperlicher und geistiger Schwäche und sogar zum frühen Tod führen. Mangel an Zink erhöht das Risiko, an Diarrhö, Lungenentzündung und Malaria zu erkranken.

Unterernährung und Krankheiten können sich gegenseitig bedingen und verstärken. Unterernährung kann zu diversen Krankheiten führen, aber umgekehrt können Erkrankungen auch zur Unterernährung führen. Beispielsweise sind Durchfallerkrankungen nicht nur eine der möglichen *Folgen* von Unterernährung, sondern auch eine ihrer *Ursachen*: Wer an Diarrhö erkrankt ist, dem werden mit der Körperflüssigkeit wichtige Nährstoffe entzogen, was Unterernährung und Untergewicht auslösen kann.

Aufgrund des Mangels an Makro- und Mikronährstoffen kommt es jährlich bei rund 20 Millionen Kindern unter fünf Jahren zu Erscheinungen von Unterernährung. Etwa eine Million dieser Kinder sterben, viele andere bleiben zwar am Leben, leiden aber oft an körperlicher und intellektueller Schwäche.

Eine der besten und billigsten Methoden, Unterernährung bei Kleinkindern zu vermeiden, ist es, wenn Babys in den ersten sechs Monaten nichts anderes als nur Muttermilch erhalten. Deswegen wird für dieses erste Halbjahr ausschließliches Stillen empfohlen. Kinder, die in dieser Zeit gestillt werden, erhalten meist die nötigen Nährstoffe, die sie brauchen, um ohne Mangelerscheinungen die ersten Lebensjahre zu überstehen. Sie laufen dann auch nicht Gefahr, durch verunreinigtes Wasser an Diarrhö zu erkranken.

Unterernährung, so sagten wir bereits, ist die tiefere Ursache der großen tödlichen Krankheiten (wie Lungenentzündung, Diarrhö oder Masern). Doch hinter der Unterernährung steht noch eine weitere, tiefere Ursache, die wir nicht aus den Augen verlieren dürfen: Armut. Wer arm ist, hungert eher und stirbt früher.

Die Botschaft der jährlich fast neun Millionen Todesfälle von Kindern unter fünf Jahren ist ebenso ärgerlich wie ermutigend: Die meisten dieser Todesfälle könnten und können mit relativ leicht umzusetzenden Maßnahmen verhindert werden! Das ist Skandal und Chance zugleich. Nutzen wir diese Chance!

Erziehung und Bildung

Kinder haben ein Recht auf Bildung. Mit der Unterzeichnung der Kinderrechtskonvention (KRK) haben sich alle Vertragsstaaten verpflichtet, den Grundschulbesuch für jedes Kind unentgeltlich anzubieten. Um den Schulbesuch zu fördern ist er zur Pflicht zu machen.

Ziel der Bildung soll es gemäß der Kinderrechtskonvention sein, »die Persönlichkeit, die Begabung und die geistigen und körperlichen Fähigkeiten des Kindes voll zur Entfaltung zu bringen«.[44] Das ist gewiss ein ehrgeiziges Ziel, das wir aber nicht aus den Augen verlieren dürfen.

Doch die Wirklichkeit sieht bislang anders aus. Trotz erfreulicher Fortschritte im Schulwesen in den letzten Jahren können mehr als 75 Millionen Kinder keine Schule besuchen. Diese Zahl entspricht in etwa der Zahl aller Schulkinder Westeuropas und der USA. 60 Prozent der Kinder, die keine Möglichkeit haben, zur Schule zu gehen, sind Mädchen.[45] 774 Millionen

Erwachsene haben überhaupt keine Schulbildung genossen. Die niedrigsten Einschulungsraten finden wir in Subsahara-Afrika.

Selbst dann, wenn Kinder eingeschult werden, ist nicht sicher, dass sie die Grundschule auch beenden. Viele verlassen die Schule vorzeitig und haben nicht einmal einen Grundschulabschluss. In einigen Ländern Subsahara-Afrikas schließt weniger als die Hälfte der eingeschulten Kinder die Grundschule erfolgreich ab.

Die Gründe sind vielfältig: Oft werden die Kinder genötigt, im Haushalt oder auf dem Feld mitzuarbeiten. Zahlreiche Mädchen werden früh verheiratet und verlassen deswegen die Schule. Häufig können die Eltern entweder das Schulgeld nicht bezahlen oder sich nicht die notwendigen Lernmaterialien und Schuluniformen leisten. Manchmal sind bewaffnete Konflikte, Vertreibungen und andere Katastrophen die Ursache für den Schulabbruch. In den letzten Jahren kamen auch HIV und AIDS als Auslöser hinzu. Kinder, deren Eltern an AIDS gestorben sind, müssen von der Schule abgehen, um für sich selbst zu sorgen. Auch ist die Lehrerschaft im südlichen Afrika durch HIV/AIDS so stark dezimiert, dass oft kein ordentlicher Unterricht möglich ist.

Selbst wenn die Kinder die Grundschule abschließen, also vier Schuljahre beenden, bedeutet dies noch nicht, dass sie nun lesen und schreiben können. Etwa ein Drittel bis zur Hälfte der Grundschulabgänger haben diese Fähigkeiten nicht erworben. Dieses traurige Ergebnis mag am dürftigen Unterricht liegen, aber auch daran, dass viele Kinder kaum Material zur Verfügung haben, um das Lesen zu üben. Die Armut der Familie ist ein Grund dafür. Weitere Gründe sind das Fehlen von Büchern und Lernmaterialien in der jeweiligen Sprache und der mangelnde Zugang zu Büchereien und Buchläden.

Warum ist Bildung so wichtig? Bildung ist der Schlüssel, um aus der Armut herauszufinden. Das gilt sowohl für den Einzelnen als auch für ganze Volkswirtschaften. Menschen mit

Schulbildung haben bessere Einkommensmöglichkeiten. Und nur Länder mit einer gebildeten Mittelschicht sind in der Lage, wirtschaftlichen Fortschritt zu erzielen. Ein Grundschuljahr erhöht das spätere Einkommen um 5 bis 15 Prozent. Jedes Sekundarschuljahr erhöht den späteren Verdienst um 15 bis 25 Prozent. Nur solche Länder haben ein rasches Wirtschaftswachstum erzielen können, deren Bevölkerungen zu mindestens 40 Prozent lesen und schreiben konnten.[46]

Bildung ist nicht nur ein Schlüsselfaktor für wirtschaftlichen Erfolg, sondern auch für eine bessere Gesundheit. Das in der Schule vermittelte Wissen kann vor Infektionen und Krankheiten schützen (etwa HIV/AIDS) und hilft bei Erkrankungen, schneller gesund zu werden. Das Kind einer des Lesens und Schreibens kundigen Mutter hat eine 50 Prozent höhere Chance, das fünfte Lebensjahr zu erreichen.

Gemäß dem zweiten Millenniumsentwicklungsziel, auf das sich die UN-Vertragsstaaten im Jahr 2000 geeinigt haben, sollen bis 2015 alle Kinder dieser Welt zumindest eine vierjährige Grundschulbildung erhalten. 1990 lag die Einschulungsrate weltweit noch bei 80 Prozent. 2005 lag sie bereits bei 88 Prozent. Auch in Afrika konnte die Rate deutlich erhöht werden: von 54 auf 70 Prozent! Das sind Entwicklungen, die auch für die Zukunft hoffen lassen.

Ein wichtiger Bildungsaspekt ist die Früherziehung oder die Vorschulbildung. Gerade in den ersten fünf Jahren bildet das Gehirn jene elementaren Strukturen und kognitiven Fähigkeiten heraus, die für das weitere Leben prägend, ja überlebensentscheidend sind. Besonders ausschlaggebend sind die letzten Monate vor der Geburt und die ersten 24 Monate danach. Dies ist die Zeit, in der das Gehirn sein größtes Wachstum durchläuft und die neuronalen Strukturen entwickelt werden, die für späteres erfolgreiches Lernen und die Aneignung von Wissen erforderlich sind.

Zwei Dinge sind für die frühe Entwicklung des Gehirns bedeutsam: Gesundheit und eine gute Ernährung einerseits sowie frühe Stimulation andererseits. Über die Notwendigkeit einer Versorgung des Kleinkindes mit ausreichenden Makro- und Mikronährstoffen wurde bereits einiges gesagt. Wichtig ist jedoch auch die frühe Stimulation im Elternhaus und im Kindergarten (wo ein solcher verfügbar ist). Je mehr das Kind in zwangloser, spielerischer und ermutigender Atmosphäre Anregungen zum Spielen, Ertasten, Begreifen, Anschauen, Hören und Mitmachen erhält, desto eher wird es seine kognitiven und intellektuellen Fähigkeiten entwickeln, die ihm später in der Schule helfen werden, auch kompliziertere Zusammenhänge zu »begreifen«.

Dies gilt insbesondere für behinderte Kinder, die in vielen armen Gesellschaften und vorindustriellen Kulturen immer noch sträflich vernachlässigt werden. Ein Drittel der Kinder, die nicht zur Schule gehen, haben irgendeine Behinderung. Blinde, gehörlose, körperlich oder geistig behinderte Kinder werden verschämt versteckt, gesellschaftlich zu wenig integriert und viel zu oft sich selbst überlassen. Dabei bräuchten gerade sie eine frühe Stimulation ihrer Sinne, um die jeweilige Behinderung durch andere Fertigkeiten und Fähigkeiten zu kompensieren. Die Paralympischen Spiele zeigen uns immer wieder, zu welch grandiosen Leistungen Behinderte fähig sind, wenn sie rechtzeitig, d. h. möglichst kurz nach ihrer Geburt, vielfältigen geistigen und körperlichen Anregungen ausgesetzt werden.

Das Kinderhilfswerk World Vision hat einige gute Erfahrungen mit Früherziehung und Vorschulbildung sammeln können.[47] Wenn solche Programme zur Früherziehung über mehrere Jahre laufen, erweisen sie sich durchaus als sinnvoll. Kinder, die von diesen Programmen profitierten, entwickelten bessere intellektuelle und soziale Fähigkeiten als andere. Ihre Fähigkeit, sich an Denkprozessen zu beteiligen und logische Schlussfolgerungen zu ziehen, war ausgeprägter, sie hatten bessere sprachliche Fertigkeiten, waren geübter im Umgang mit ihren Altersgenossen und entwickelten auch ein höheres Selbstbild.

Weiterhin zeigten sie bessere schulische Leistungen, hatten bessere Noten und neigten seltener zum Schulabbruch.

Von solchen Früherziehungsprogrammen profitierten besonders behinderte oder anderweitig ausgegrenzte Kinder wie Aidswaisen, Kinder vom Land oder Mädchen, die bildungsmäßig sonst eher vernachlässigt wurden. Doch nicht nur die Kinder selbst profitierten davon, auch ihre Eltern und Kommunen erzielten Vorteile. Die Eltern werden durch die Vorschulbildung ihrer Kinder entlastet und können eher einer Arbeit nachgehen; auch die Dorfgemeinschaften lernen insgesamt viel über Früherziehung, Gesundheit, Schulbildung und Kinderrechte.

Spiritualität und Verantwortung

Die dritte Säule der Kindeswohlziele von World Vision bezieht sich im Wesentlichen auf den Aspekt der Beziehungen: der Beziehung des Kindes zu sich selbst, zu seiner Familie, seinen Freunden und Altersgenossen, seinen Mitmenschen, der Gesellschaft insgesamt, zur Umwelt und, *last but not least*, zu Gott als dem, der die Welt im Innersten zusammenhält.

Der Mensch ist ein soziales Wesen, und einem Kind geht es nur dann gut, wenn seine Beziehungen in Ordnung sind. Das Ziel dieser dritten Säule ist das Erleben und Gestalten von heilsamen Beziehungen. Dazu bedarf es liebevoller, fürsorglicher Erfahrungen ebenso wie des Einübens in verantwortliches Handeln mit anderen und für andere.

Unter »Spiritualität« ist hier also weniger die Inkulturation in eine Kirchengemeinde oder eine andere religiöse Gemeinschaft gemeint als vielmehr die Sensibilisierung dafür, dass wir alle – einschließlich unserer Kinder – Teil eines großen Ganzen sind, für das wir mitverantwortlich zeichnen. Natürlich gehören die meisten Kinder – gerade in den Entwicklungsländern – jeweils einer religiösen Gruppe an, sodass auch eine gute Integration in diese Gruppe für das Wohlbefinden der Kinder von Bedeutung ist. Spiritualität ist aber zu unterscheiden von Religiosität. Während wir mit Religiosität eher die aktive Teilnahme an einer religiösen Institution wie einer Kirche oder einer Moschee meinen, verstehen wir unter Spiritualität hier das Bewusstsein unserer Verantwortung für heilsame Beziehungen.

Heilsame Beziehungen der Kinder zu ihren Eltern, Geschwistern, Mitmenschen, zu ihrer Umwelt und ihrem Schöpfer setzen voraus, dass diese Kinder reichliche Erfahrungen der Geborgenheit, der Fürsorge und der liebevollen Zuwendung gemacht haben. Ohne die Erfahrung der Liebe können Kinder keine Liebe geben. Man könnte diese dritte Säule auch mit den Stichworten *Bindung, Betreuung* und *Beziehung* umschreiben. Kinder brauchen feste Bindungen, liebevolle Betreuung und Fürsorge sowie heilsame Beziehungen. Nur dann können sie zu Menschen heranreifen, die Verantwortung für sich selbst und andere übernehmen.

Das Wort »Spiritualität« ist heute ein Modewort geworden. Es kommt aus dem Französischen und ist erst seit den Fünfzigerjahren des vorigen Jahrhunderts im deutschen Sprachraum in Gebrauch. »Spirit« heißt »Geist«, und unter Spiritualität könnte man eine geistliche Lebensform verstehen, eine Lebensweise, die weniger von einer vorfindlich-materialistischen Ausrichtung geprägt ist als vielmehr von einer geistig-ganzheitlichen Orientierung. »Recht verstanden vertritt Spiritualität also eine Integration, ja Einheit von Geist bzw. Gott und Welt, Verinnerlichung und Weltgestaltung, Glaube und Vernunft bzw. Wissenschaft, Leben und Denken, Erfahrung (Biografie) und Theorie, Aktion und Kontemplation, Mystik und Politik, Sakralität und Profanität.«[48]

Das *Center for Spiritual Development* beim *Search Institute* definiert Spiritualität als die Dreiheit von Bewusstsein, Bindung/Beziehung und Lebensweise.[49] Darunter wird verstanden: (1) Das Bewusstsein seiner selbst und seiner Beziehung zu anderen und zum Universum; (2) die Erlebnisbereitschaft und Erfahrung gegenseitiger Abhängigkeit und Verbundenheit mit Familie, Volk, Herkunft und Transzendenz; sowie (3) das

Leben als Ausdruck der eigenen Identität, Kreativität, Werte und Beziehungsorientierung.

World Vision hat Spiritualität wie folgt definiert: »Eine innere und äußere Entdeckungsreise von Kindern, die sich zunehmend ihres Lebenssinns und -ziels bewusst werden; die sich mit anderen Menschen, insbesondere ihren Eltern und gleichaltrigen Kameraden, in Empathie verbunden wissen, die nach Gott zu fragen beginnen und ihre Überzeugungen und ihre Verantwortlichkeit in ihrem täglichen Leben ausleben.«[50]

Konkret heißt dies, dass Kinder in der Familie fürsorglich und respektvoll behandelt werden; dass ihr Selbstbewusstsein gestärkt wird; dass sie lernen, Konflikte friedlich und gewaltfrei zu lösen und einander zu vergeben und zu verzeihen; dass sie ihr Leben als Geschenk und Segen begreifen; dass sie sich wohl und geborgen fühlen zu Hause, unter ihresgleichen, in der Schule und in der Dorfgemeinschaft bzw. Nachbarschaft; dass ihre Meinung gefragt ist und sie sich ernst genommen wissen; dass ihre Rechte und ihre Würde geachtet werden; dass sie einbezogen werden in Fragen, die sie selbst und die Gemeinschaft betreffen; dass sie lernen, fürsorglich, einfühlsam und gewissenhaft mit sich selbst und anderen umzugehen; dass sie gerne Verantwortung übernehmen, für sich und andere und für Aufgaben, die ihnen anvertraut werden; dass sie ein positives Selbstbild entwickeln und zuversichtlich in die Zukunft blicken können.

Schutz und Partizipation

Die vierte Säule der Kindeswohlziele behandelt einerseits den Schutz von Kindern vor jeglicher Art von Missbrauch, Misshandlung und Ausbeutung und andererseits die Mitwirkung von Kindern an Regeln und Entscheidungen, die sie selbst betreffen.

Auf den ersten Blick scheinen die beiden Aspekte Schutz und Partizipation relativ wenig miteinander zu tun zu haben.

Aber bei näherem Hinsehen wird rasch klar, dass Kinder eher vor Missbrauch und Ausbeutung geschützt sind – und sich auch selbst besser schützen können –, wenn ihnen immer wieder die Gelegenheit gegeben wird, sich zu äußern, ihre Meinung zu sagen, für ihre Interessen einzustehen und sich offen und ehrlich gegen Manipulationen und aufgezwungene Handlungen zur Wehr zu setzen. Kinder hingegen, deren Meinungen nicht gefragt sind, deren Widerspruch als Ungehorsam ausgelegt wird und die nicht aufmucken und mitreden dürfen, laufen eher Gefahr, von Angehörigen wie Fremden ausgenutzt, ausgebeutet oder missbraucht zu werden.

Wovor sind Kinder zu schützen? Vor körperlichem Missbrauch wie Ohrfeigen, Stockschlägen, Vernachlässigung, Nahrungsmittelentzug sowie vor Einsperren, Entführung und anderen physischen Gewaltakten. Alle diese Handlungen sind heute gesetzlich verboten, weil sie nicht – wie manche meinen – erzieherische Maßnahmen darstellen, sondern meist das Gegenteil von dem bewirken, was von wohlmeinenden, aber schlecht informierten Eltern beabsichtigt ist. Gewalt gebärt Gewalt, und Kinder, die häusliche Gewalt erfahren haben, laufen häufig (wenn auch nicht zwangsläufig) Gefahr, als Erwachsene wiederum selbst Gewalt anzuwenden. Etwa 150 000 bis 180 000 Kinder werden jährlich allein in Deutschland physisch missbraucht.

Kinder sind auch vor emotionalem Missbrauch zu schützen wie Demütigung, Spott, Diskriminierung, Herabwürdigung, Bedrohungen, ungerechtfertigten Beschuldigungen, Nichtbeachtung, Angstmachen, Ablehnung, vernichtender Kritik (bei Abwesenheit von Lob und Ermutigung) usw. All diese – manchmal subtil verabreichten – verbalen Angriffe auf die Ehre, die Würde und das Selbstverständnis der Kinder können, besonders wenn sie zur Gewohnheit werden, das Vertrauen und Selbstvertrauen der Kinder untergraben und dauerhafte emotionale Schäden verursachen.

Kinder müssen zudem vor sexuellem Missbrauch bewahrt werden, ob durch Gewalt oder Verführung, ob durch enge Familienangehörige oder Fremde. Kinder haben ein Recht auf sexuelle Unversehrtheit. Bei sexuellen Handlungen zwischen Kindern und Erwachsenen trägt allein der Erwachsene die Verantwortung und Schuld, nie das Kind. Sexueller Missbrauch von und sexuelle Gewalt an Kindern verursachen meist lebenslange psychische Störungen. Entweder sind sich die Täter dieser Gefahr nicht bewusst, verdrängen sie oder nehmen sie billigend in Kauf.

Andere Formen des Missbrauchs von Kindern sind: Frühverheiratung und Genitalverstümmelung von Mädchen sowie ausbeuterische Kinderarbeit von Jungen und Mädchen, über die an anderer Stelle berichtet wurde. Nicht zu unterschätzen ist auch der religiöse (oder spirituelle) Missbrauch, der vorliegt, wenn Erwachsene Machtpositionen und Vertrauensverhältnisse ausnutzen, um Kinder ideologisch zu manipulieren, zu dominieren, gegen ihren Willen zu religiösen Handlungen zu animieren und sie einer religiös-ideologischen Gehirnwäsche auszusetzen.

Die meisten Vorfälle von Missbrauch jeglicher Art kommen in der Familie vor, obwohl doch insbesondere die Familie ein Hort des Schutzes, der Sicherheit und der Geborgenheit sein sollte. Gerade deswegen müssen die Warnung vor Missbrauch und das Gebot des familiären Schutzes in einem Atemzug genannt werden. Eltern und Familie haben eine nicht zu unterschätzende moralische und gesetzliche Verpflichtung, ihre Kinder vor allen Formen der Gewalt und des Missbrauchs zu behüten, sie über derartige Gefahren aufzuklären und sie darauf vorzubereiten, sich notfalls zur Wehr zu setzen.

Aber nicht nur der Schutz vor Gewalt und Missbrauch muss thematisiert werden, sondern auch die Schaffung eines liebevollen und für das Aufwachsen der Kinder gedeihlichen familiären Umfelds. Es geht weniger um Erziehung als um Entfaltung. Unter »Erziehung« verstehen wir die absichtsvolle und zielgerichtete Beeinflussung von Kindern zu gewünschten Verhaltensnormen. Mit »Entfaltung« meinen wir, dass Eltern ihren Kindern Gestaltungs- und Entwicklungsspielräume bieten. Diese sollen geeignet sein, das gesamte intellektuelle, interessensgeleitete und kommunikativ-soziale Potential der Kinder abzurufen, damit sie zu starken, eigenständigen, kreativen und selbstbewussten Persönlichkeiten heranreifen. Dass diese Gestaltungs- und Entwicklungsspielräume innerhalb gewisser Grenzen angeboten werden, die im Wesentlichen von den Rechten und Bedürfnissen anderer gesetzt sind (Eltern, Geschwister, Schulkameraden), ist ebenso selbstverständlich wie notwendig. Grenzenlosigkeit und Beliebigkeit führen zur Orientierungslosigkeit. Kinder brauchen klare Grenzen ebenso wie große Entfaltungsräume.

Um Kinder besser vor Gewalt und Missbrauch zu schützen und ihnen Gestaltungsspielräume zu gewähren, in denen sie ihr volles Potenzial entfalten können, bedarf es ihrer Mitwirkung und Mitsprache. Die Partizipation von Kindern an allen Entscheidungen und Handlungsabläufen, die sie selbst betreffen, ist der Schlüssel für einen effektiven Schutz und die größtmögliche Entfaltung der Kinder. Die Kinderrechtskonvention und die Vertragsstaaten »sichern dem Kind, das fähig ist, sich eine eigene Meinung zu bilden, das Recht zu, diese Meinung in allen das Kind berührenden Angelegenheiten frei zu äußern, und berücksichtigen die Meinung des Kindes angemessen und entsprechend seinem Alter und seiner Reife«.[51]

Das Kind hat ein verbrieftes Recht auf freie Meinungsäußerung.[52] Dieses Recht wird dem Kind nicht ab einem bestimmten Alter gewährt oder von ihm durch irgendwelche Vorleistungen erworben, sondern stellt ein fundamentales Grundrecht dar, welches ihm schon von Geburt an eigen ist.

Was verstehen wir unter der Partizipation oder Mitwirkung von Kindern? Zum einen müssen Kinder dazu ermutigt werden, offen ihre Meinung kundzutun und Fragen zu stellen; sie müssen gehört und ernst genommen werden. Nur wenn sie ernst genommen werden, werden sie sich auch in dem Fall äußern, wo ihnen Rechte vorenthalten werden oder sie missbraucht zu werden drohen. Nur wenn sie offen sagen können, was sie denken, werden sie eigenständiges, selbstbestimmtes, kritisches Denken entwickeln, wohlüberlegte Entscheidungen treffen und für ihr Handeln Verantwortung übernehmen.

Partizipation bedeutet auch, dass Kinder ihren Eltern und anderen Erwachsenen klarmachen können, wie sie sich fühlen, welche Bedürfnisse, Ängste, Erwartungen und Hoffnungen sie haben. Um Kinder angemessen vor Ausbeutung, Missbrauch und Vernachlässigung bewahren und ihre Bedürfnisse berücksichtigen zu können, müssen Erwachsene um deren innere Erlebniswelt wissen.

Die Teilhabe und Mitwirkung von Kindern ist nie ein *fait accompli*, ein fertiger Zustand. »Die Partizipation von Kindern ist ein fortlaufender Prozess der Meinungsäußerung und der aktiven Mitwirkung in Fragen, die sie selbst betreffen«, schreibt Gerison Lansdown. »Sie erfordert einen Informationsaustausch und Dialog zwischen Kindern und Erwachsenen, der gekennzeichnet ist von gegenseitigem Respekt und einer fairen Machtverteilung.«[53]

Kinder fühlen sich – in welchen Lebenswelten auch immer – dann wohler, wenn sie Mitwirkungsmöglichkeiten haben. Deshalb ist es ratsam, so etwas wie eine »Beteiligungskultur« für Kinder in allen Bereichen zu entwickeln, deren Ziel es sein sollte, nicht nur selbstkritisch die Welt der Erwachsenen zu hinterfragen, sondern sie – mit Beteiligung der Kinder – mehr und mehr nach den Bedürfnissen, Wünschen, Erfordernissen und Gegebenheiten von Kindern zu verändern und zu gestalten. Nur eine kindgerechte und kinderrechtsbasierte Welt ist eine gerechte Welt.

8. Subjektives und objektives Wohlbefinden

Wer sagt, was Armut ist? Wer, was Wohlstand? Wer legt die Kriterien fest? Wir, die Erwachsenen? Oder müssten es nicht vielmehr die Kinder sein, die für sich selbst bestimmen, was Wohlstand, was Wohlbefinden bedeutet?

Es hat in den vergangenen Jahren zahlreiche Studien und Untersuchungen zur Kinderarmut und zum Wohlbefinden (engl. *well-being*) von Kindern gegeben, doch in den meisten Fällen wurde das Wohlbefinden von Kindern nach Kriterien bemessen, welche die Erwachsenen aufgestellt hatten. Kinder befragt haben die wenigsten Forscher. Erst in letzter Zeit geht der Trend in eine neue Richtung, nämlich die Kinder einzubeziehen. Es geht nicht nur darum, den Kindern eine Stimme zu geben, sondern sie selbst zu Wort kommen zu lassen; ihnen nicht nur Gehör zu verschaffen, sondern ihnen zuzuhören.

Die umfangreichste Studie, in der Kinder zu ihrem Wohlbefinden befragt wurden, ist die World Vision Kinderstudie, die 2007 zum ersten Mal von führenden Kinderforschern Deutschlands (Klaus Hurrelmann und Sabine Andresen) durchgeführt wurde. Rund 1 600 Kinder im Alter zwischen acht und elf Jahren wurden interviewt, um ihre Einschätzung zur eigenen Lebenssituation und ihres Wohlbefindens kennenzulernen. 2010 wurde die Studie mit einem geänderten Forschungsansatz und neuen Fragestellungen wiederholt, wobei das Befragungsalter auf sechs Jahre herabgesetzt werden konnte. Die Studie geht davon aus, dass Kinder Experten in eigener Sache sind und am besten Auskunft geben können über die Wahrnehmung der eigenen Befindlichkeit.

Wenn es um das Wohlbefinden von Kindern geht, muss man zwischen objektivem und subjektivem Wohlbefinden unterscheiden. *Objektives* Wohlbefinden (man kann auch von »Lebensqualität« oder von »Lebensbedingungen« sprechen) kann man an konkreten Indikatoren messen: am Einkommen, am Bildungsgrad, ob ausreichend Nahrung vorhanden ist, welcher Erwerbsarbeit die Eltern nachgehen, ob Elternteile krank oder drogenabhängig sind, ob die Familie vollständig ist usw.

Das *subjektive* Wohlbefinden von Kindern richtet sich jedoch einzig und allein nach ihrer persönlichen Wahrnehmung,

Einschätzung und Gefühlslage. Für wie glücklich halten sich die Kinder? Wie zufrieden sind sie mit sich und ihren Lebensbedingungen? Was erwarten sie vom Leben? Und wo fühlen sie sich von Lebensumständen eingeschränkt oder in ihrem Wohlbefinden beeinträchtigt?

Zu ihrem subjektiven Wohlbefinden befragt, nennen Kinder andere Kriterien als die üblichen Indikatoren, mit denen Kinderarmut gemeinhin gemessen wird. Dazu zählt etwa ein gutes, vertrauensvolles Verhältnis zu ihren Eltern und dass sie zu Hause gut betreut werden. Wichtig sind ihnen auch Freundinnen und Freunde, weil diese sie oft besser verstehen als die Eltern und sie mit ihnen Gemeinsames unternehmen können. Auch Freizeit und Freizeitmöglichkeiten gehören zum subjektiven Wohlbefinden. Körperliche Nähe spielt für die Kinder eine Rolle, auch die Möglichkeit, Fragen zu stellen und Dinge erklärt zu bekommen, einschließlich der Frage, was richtig und falsch ist und warum. Bedeutsam ist außerdem, welche Freiräume und Gestaltungsspielräume sie für sich wahrnehmen.

Ein wichtiges Ergebnis der World Vision Kinderstudie 2010 war die Erkenntnis, »dass für Kinder in Deutschland die Einbettung gewährter Freiheiten und Autonomieerfahrungen in Erfahrungen von Fürsorge und verbindlichen Beziehungen zum Wohlfühlen beiträgt. Es ist also gerade die Kombination aus Freiheit *und* Fürsorge, Mitbestimmung *und* Schutz, die bei Kindern zwischen sechs und elf Jahren zu einer hohen Lebenszufriedenheit führt.« [54]

Ganz entscheidend ist offenbar auch, wie sich Kinder selbst einschätzen und welche Wirkungen sie auf andere ausüben. Nach Sabine Andresen sind Vokabeln wie *Selbstwertgefühl* und *Selbstwirksamkeit* Schlüsselbegriffe für ein positives Wohlgefühl von Kindern. *Selbstwertgefühl* hat mit einer positiven Fremdeinschätzung ebenso zu tun wie mit einer positiven Selbsteinschätzung. *Selbstwirksamkeit* bezieht sich auf die Erwartung, die Umwelt (Eltern, Freunde, andere) nach eigenen Vorstellungen beeinflussen zu können. Die beiden Aspekte bedingen einander: Wer ein geringes Selbstwertgefühl hat, traut sich weniger zu und hat geringere Erwartungen, Erfolge zu erzielen und sich bei anderen durchzusetzen. Und ohne Erfolge und Durchsetzungsvermögen sinkt das Selbstwertgefühl. »Erwachsene können Kinder darin unterstützen, hohe Selbstwirksamkeitserwartungen zu entwickeln, indem sie mit Kindern an erreichbaren Nahzielen arbeiten, statt sie mit großen Zielen zu überfordern«, meinen die Forscher der Studie.[55]

Ein Ergebnis von Kinderbefragungen ist die Erkenntnis, dass das subjektive Wohlbefinden von Kindern keine definitiven Rückschlüsse auf die objektive Lebensqualität zulässt. Die Zufriedenheit mit der eigenen Lebenssituation wird von Kindern meist höher eingeschätzt als die Lebensumstände nahelegen. Kinder richten sich zur Beurteilung ihrer eigenen Situation an dem aus, was ihnen vertraut ist, nicht an dem, was sie nicht kennen oder wozu sie keinen Zugang haben. In vieler Hinsicht haben sie sich mit ihren Gegebenheiten abgefunden.

Etwas anders sieht es mit den Erwartungen der Kinder für ihre eigene Zukunft aus. Diesbezüglich sind sie sich ihrer materiellen, sozialen und beruflichen Grenzen sehr wohl bewusst und haben sich wohl oder übel mit eingeschränkten beruflichen Perspektiven abgefunden. Das zeigt sich etwa in der Erwartung bezüglich ihres Schulabschlusses. Kinder aus gehobenen Schichten erwarten eher, das Abitur zu machen. Kinder aus unteren und mittleren Schichten finden sich eher damit ab, einen niedrigeren Abschluss zu haben.[56]

Die soziale Herkunft bestimmt somit weitgehend die Zukunftserwartungen von Kindern. Das hindert sie aber meist nicht daran, sich mit ihrer jetzigen Situation durchaus zufriedenzugeben. Kinder nehmen »die sozialen, ökonomischen, ethnischen und auch generationsbezogenen Ungleichverhältnisse in den heutigen modernen Gesellschaften als gegeben hin. Sie erkennen realistisch, wie wenig Einfluss auf ihre Veränderung sie haben und deshalb stellen sie diese Verhältnisse als solche auch nicht kritisch in Frage.«[57]

Die Herausforderung dürfte es mithin sein, Eltern *und* Kinder davon zu überzeugen, dass Kinder Potenziale haben, von denen manche vielleicht noch unbemerkt sind, die es aber zu entdecken, zu wecken, zu aktivieren gilt, und dass die Kinder durchaus über ihre soziokulturellen und sozioökonomischen Grenzen hinauswachsen können um in selbstbestimmter Weise eigene Ziele zu verwirklichen und in einer modernen Leistungsgesellschaft bestehen zu können.

9. Die Entscheidung des Bundesverfassungsgerichts

Die Diskussion um Kinderarmut in Deutschland drehte sich häufig um die Höhe der Hartz-IV-Regelsätze für Kinder. Weil sich betroffene Eltern an das Bundesverfassungsgericht wendeten, traf dieses zu den Hartz-IV-Regelsätzen am 9. Februar 2010 eine Grundsatzentscheidung, die hohe Wellen schlug und eine öffentliche Diskussion darüber auslöste, inwieweit diese Regelsätze angemessen seien oder erhöht werden müssten. Das wiederum hat zu einem allgemeinen politischen Streit über Hartz IV geführt, insbesondere über die Frage, ob diese Sozialhilfe dringend gebraucht, angemessen berechnet oder in sträflicher Weise missbraucht wird. »Wer dem Volk anstrengungslosen Wohlstand verspricht«, so der FDP-Vorsitzende Guido Westerwelle dazu in der Zeitung »Die Welt«, »lädt zu spätrömischer Dekadenz ein.«[58] An einem solchen Denken könne Deutschland scheitern, meinte er.

Zunächst: Es gehört durchaus zu den Vorzügen und Notwendigkeiten eines Wohlstandsstaats wie der Bundesrepublik Deutschland, dass Menschen, die – aus welchen Gründen auch immer – nicht erwerbstätig sein können, sich nicht gänzlich selbst überlassen bleiben und in menschenunwürdiger Weise leben müssen. Das Grundgesetz sieht nämlich das Grundrecht auf Gewährleistung eines menschenwürdigen Existenzminimums vor.[59] In Verbindung mit dem Sozialstaatsprinzip[60] soll dieses Grundrecht jedem Hilfebedürftigen diejenigen materiellen Voraussetzungen zusichern, die für seine physische Existenz und für ein Mindestmaß an Teilhabe am gesellschaftlichen, kulturellen und politischen Leben unerlässlich sind. Das ist der Hintergrund, vor dem das Bundesverfassungsgericht sich mit den Hartz-IV-Sätzen befasste.

Die Bundesverfassungsrichter legten sich bei ihrer Entscheidung keineswegs auf eine konkrete Höhe der Hartz-IV-Regelsätze fest. Sie bekräftigten vielmehr, dass dem Gesetzgeber die Konkretisierung der Regelsätze zukomme und er diesbezüglich auch einen Gestaltungsspielraum habe. Dieser habe sich nach dem jeweiligen Entwicklungsstand des Gemeinwesens und nach den vorherrschenden Lebensbedingungen zu richten. Aus der Verfassung, so die Richter, lasse sich die Höhe der Regelsätze nicht ohne Weiteres ableiten.

Für die Richter war es auch keineswegs offenkundig, dass die geltenden Regelsätze zur Sicherung eines Existenzminimums an sich unzureichend seien. Ob die Regelsätze (von 345 Euro für Alleinstehende, 311 Euro für Lebenspartner, 207 Euro für Kinder bis 14 und 276 Euro für Kinder über 14 Jahre) an sich zureichend oder unzureichend seien, konnten (oder wollten) die Verfassungsrichter nicht feststellen.

Allerdings dürfe der Gesetzgeber die Regelsätze nicht willkürlich oder »freihändig« ansetzen. Vielmehr obliege es der Legislative, die Leistungen aufgrund verlässlicher Zahlen und schlüssiger Berechnungsverfahren festzulegen. Hier habe der Gesetzgeber es versäumt, die unterschiedlichen Regelsätze auf der Basis von plausiblen oder tauglichen Berechnungsverfahren festzulegen. »Der Gesetzgeber hat jegliche Ermittlungen zum spezifischen Bedarf eines Kindes, der sich im Unterschied zum Bedarf eines Erwachsenen an kindlichen Entwicklungsphasen und einer kindgerechten Persönlichkeitsentfaltung auszurichten hat, unterlassen«, bemängelten die Richter.

Der bei Kindern unter 14 Jahren vorgenommene Abschlag von 40 Prozent gegenüber der Regelleistung für einen Alleinstehenden beruhe »auf einer freihändigen Setzung ohne empirische und methodische Fundierung«. Insbesondere seien Aufwendungen für Schulbücher, Schulhefte, Taschenrechner etc. unberücksichtigt geblieben. Die Richter vermissten auch eine »differenzierte Untersuchung des Bedarfs von kleineren und größeren Kindern«. Deshalb verlangte das Gericht vom Gesetzgeber eine Neuregelung aufgrund nachvollziehbarer Berechnungen beziehungsweise realitäts- und bedarfsgerechter Ermittlungen.

Welche gesellschaftliche Bedeutung hat das Urteil des Bundesverfassungsgerichts?

Ob durch dieses Urteil die Regelsätze für eine Familie mit Kindern insgesamt erhöht werden und ob eine solche Erhöhung, auch wenn sie wünschenswert sein mag, unter den jeweils gegebenen wirtschaftlichen Möglichkeiten des Sozialstaates auch finanzierbar ist, das zu entscheiden war nicht Aufgabe der Verfassungsrichter. Dies zu entscheiden obliegt allein dem Gesetzgeber, der dafür auch seine ihm zur Verfügung stehenden Gestaltungsspielräume in Anspruch nehmen kann.

Vermutlich wird der Gesetzgeber die prozentualen Regelsätze in Zukunft jeweils nach plausiblen und nachvollziehbaren Bedarfskriterien anpassen, und zwar so, dass zum einen dem Gleichheitsprinzip genüge getan wird, zum anderen aber auch die finanziellen Möglichkeiten und Grenzen des Sozialstaats berücksichtigt werden. Dabei wäre es jedoch wichtig zu erkennen, dass solche Entscheidungen nicht allein auf der Basis des finanziell Machbaren und Finanzierbaren, sondern auf der Grundlage des vom Kinderrechtsansatz her Notwendigen getroffen werden. In einem Wohlstands- und Wohlfahrtsstaat müssen hilfsbedürftigen Kindern die ihnen zustehenden Grundrechte und Grundversorgungen gewährt werden, mögen sie kosten, was sie wollen. Weniger als das ist nicht genug.

III. Kinderarmut – Wege aus der Krise

Kinderarmut ist, wie wir gesehen haben, unterschiedlich zu bewerten – je nachdem, ob wir es mit Kinderarmut hierzulande oder in den Entwicklungsländern zu tun haben. Kinderarmut in armen Ländern kennen wir seit Langem. Kinderarmut in Deutschland ist – zumindest in ihrem jetzigen Ausmaß – ein neues und bestürzendes Phänomen. Kinderarmut darf uns nicht gleichgültig sein. Weder hier noch anderswo. Kinderarmut und ihre Folgen sind ein Skandal, der uns alle angeht.

Gibt es Wege aus der Krise? Gewiss: Wirtschaftliche und finanzielle Entwicklungen lassen sich nicht leicht beeinflussen und schon gar nicht von heute auf morgen. Auch gesellschaftliche Prozesse können nur bedingt gesteuert und in eine neue Richtung gewendet werden. Die Politik kann – wenn sie den Willen dazu hat – Rahmenbedingungen ändern und für einen sozialen Ausgleich sorgen. Aber weder Regierungen noch Parlamente können Kinder erziehen oder Armut gänzlich abschaffen. Jeder kann nur vor seiner eigenen Haustüre kehren und seinen eigenen bescheidenen Beitrag leisten. Aber worin besteht dieser Beitrag? Was ist die Verantwortung des Einzelnen, der Familie? Welchen Beitrag hat die Schule zu leisten? Und worin besteht die Verantwortung der Gesellschaft? Die folgenden Antworten – sie beinhalten vier mal dreizehn Punkte – stellen den Versuch dar, Aufgaben und Lasten unterschiedlicher Akteure zu benennen und Verantwortungsbereiche aufzuzeigen.

1. Das Kind als selbstbestimmtes Wesen

Zweifellos: Menschen haben unterschiedliche Hintergründe und Startchancen. Die einen wurden in wohlhabende und gebildete Familien hineingeboren, die anderen in arme Familien ohne nennenswerte formale Bildung. Vieles spricht dafür, dass die Wege unserer Kinder weitgehend vorgezeichnet sind – je nachdem, aus welchem Milieu sie stammen.

Doch dabei handelt es sich nicht um ein unumstößliches Gesetz oder um eine nicht zu durchbrechende Zwangsläufigkeit. Es gibt zahlreiche Beispiele, die belegen, dass Kinder aus denselben Milieus sich unterschiedlich entwickelt haben und dass sich einige von ihnen trotz schlechter Startchancen akademisch, wirtschaftlich und sozial gut entfaltet haben, um in der Leistungsgesellschaft Erfolg zu haben. Das Prinzip dafür ist denkbar einfach: Jeder Mensch, auch jedes Kind, ist letztlich für sich selbst verantwortlich. Das Kind als selbstbestimmtes Wesen – diese Erkenntnis ist die erste und wichtigste Voraussetzung für ein gelingendes Leben. Wie wird das Kind zu einem selbstbestimmten Wesen? Hier sind einige Voraussetzungen:

1. Ein Kind, dessen Leben gelingen soll, muss lernen, was es heißt, sich gesund zu ernähren. Es muss wissen, was die wichtigsten Hauptnahrungsgruppen sind, die der Körper regelmäßig braucht, und welche Nährstoffe zu seinem Wohlbefinden nötig sind. Ohne dieses Wissen wird ein Kind nicht einsehen, warum es nicht ausschließlich Fast-Food oder Junkfood essen soll.

2. Ein Kind sollte lernen, für seine körperliche Gesundheit insgesamt zu sorgen: durch Bewegung und sportliche Betätigung, regelmäßiges Essen, ausreichenden Schlaf, Hygiene, sauberes Trinkwasser und durch das Vermeiden risikoreicher Handlungen wie das Berühren der heißen Ofenplatte oder das Missachten von Verkehrsregeln.

3. Ein Kind sollte auch vermittelt bekommen, warum eine gute Bildung und Ausbildung vorteilhaft für sein Leben sind und warum Bildung ihm eine bessere Chance bietet, seinen eigenen Neigungen und Wünschen nachzugehen.

Bildung ist eine der wichtigsten Voraussetzungen zur Selbstbestimmung.

4. Kinder sollten wissen, welche Rechte sie haben. Der erste Eindruck, den Kinder gewinnen, nämlich dass sie unendlich abhängig sind, muss ersetzt werden durch das Wissen, dass sie Ansprüche und Rechte haben, die sie notfalls einfordern können.

5. Kinder sollen wissen, dass sie ein verbrieftes Mitspracherecht haben in allen Angelegenheiten, die sie selbst betreffen. Das heißt nicht immer, dass sie ihren Willen durchsetzen werden, aber es heißt, dass sie informiert und gehört werden müssen.

6. Kinder sollten lernen, mit ihren Gefühlen umzugehen. Wenn sie mit ihren Ängsten, Hoffnungen, Trieben, Frustrationen oder mit ihrer Wut konstruktiv umgehen können, werden sie besser durchs Leben kommen.

7. Kinder sollten lernen, ihre eigenen Bedürfnisse zu verstehen: leibliche und emotionale Bedürfnisse, Bedürfnisse nach Freundschaft, Respekt, Anerkennung, Erfolg und dem Ausleben von Neigungen und Vorlieben. Sie sollten gleichzeitig aber auch lernen, Bedürfnisse anderer zu akzeptieren und zu respektieren.

8. Kinder sollten nach Möglichkeit lernen, für sich einzutreten, ohne andere zu manipulieren, und auf Bedürfnisse und Gefühle anderer empathisch Rücksicht zu nehmen, ohne sich instrumentalisieren oder manipulieren zu lassen. Kinder sind soziale Wesen und müssen lernen, sich sozial zu verhalten.

9. Kinder müssen zu kommunizieren lernen: was es heißt, jemandem zuzuhören, jemanden aussprechen zu lassen, und wie man sich andererseits selbst Gehör verschafft; sie müssen lernen, den anderen zu verstehen, wie er verstanden werden will, bevor sie reagieren.

10. Kinder sollten lernen, verantwortlich mit ihrer Sexualität umzugehen: d. h. Risiken zu meiden, sich vor Verletzun-

gen, Infektionen und ungewollten Schwangerschaften in Acht zu nehmen, andere nicht zu verletzen und zu infizieren, sich von Erwachsenen nicht verführen zu lassen; Nein zu sagen und sich notfalls zu wehren; gegebenenfalls Hilfe zu holen.

11. Kinder sollten für sich wünschenswerte moralische und ethische Werte entwickeln: nicht, um andere zu verurteilen und sich für besser zu halten als andere, sondern um ihr eigenes Handeln daran zu orientieren und ihr Gewissen zu schärfen.

12. Kinder müssen lernen, mit Geld umzugehen. Dazu sollten sie nach Möglichkeit schon frühzeitig ein regelmäßiges Taschengeld in voraussehbarer Höhe erhalten, über dessen Ausgeben sie frei bestimmen können. Hilfreich ist auch die Einbeziehung der Kinder in die finanziellen Angelegenheiten des Familienhaushalts.

13. Kinder sollen lernen zu träumen und ihre Fantasie spielen zu lassen. Gleichzeitig sollten sie aber behutsam an die Realität herangeführt werden, ohne dass sie ihren Optimismus und Enthusiasmus verlieren, der ihnen sagt, dass sie die Welt verändern können.

2. Die Familie als prägendes Milieu

Die Familie des Kindes ist das formende Umfeld, in dem die ersten Weichen für seine Zukunft gestellt werden. Was in der Familie gelernt oder nicht gelernt wird, kann entscheidend für das ganze Leben sein. Doch wie sollen Eltern mit ihren Kindern umgehen, wenn sie dies weder in der Schule noch in der Ausbildung oder an der Universität gezeigt bekommen haben? Kindererziehung schaut man sich meist unbewusst von den eigenen Eltern ab, auch wenn es zuweilen nach der Devise läuft: »So wie meine Eltern will ich es jedenfalls nicht machen!«

Worauf soll Kindererziehung abzielen? Wenn Eltern ihren Kindern das zu vermitteln versuchen, was in den dreizehn Punkten oben bereits aufgelistet wurde, so haben sie ohnehin schon ein volles Programm zu bewältigen. Darüber hinaus dürfte es ratsam sein, auch noch folgende Dinge zu beachten, die aber keinen Anspruch auf Vollständigkeit erheben:

1. Eltern sollten ihre Kinder *bedingungslos* lieben. Sie sollten Liebesentzug weder einsetzen noch damit drohen. Forderungen und Bitten dürfen nicht an Liebesbekundungen oder Liebesentzug geknüpft werden. Egal, was Kinder anstellen, an der uneingeschränkten und bedingungslosen Zuwendung ihrer Eltern sollten sie nicht zweifeln müssen.

2. Eltern sollten ihre Kinder als vollwertige Personen ansehen: Sie sollten ihnen aufmerksam zuhören, ihre Fragen – auch die scheinbar »dümmsten« – beantworten, auf ihre Bedürfnisse achten und ihre Gefühle ernst nehmen. (Tabu ist der Satz: »Das Gefühl musst du nicht haben; es ist falsch.«)

3. Eltern sollten bei allen Entscheidungen, die die Kinder betreffen, diese zu Wort kommen lassen, ihnen aufmerksam und wertschätzend zuhören und ihre Meinungen und Wünsche in gemeinsame Entscheidung einfließen lassen. Diese Mitwirkung der Kinder wird den gegenseitigen Respekt erhöhen und die frühe Mündigkeit der Kinder fördern.

4. Eltern sollten Rituale entwickeln und pflegen; sie vermitteln Struktur, Orientierung, Vorhersagbarkeit und Sicherheit und entsprechen einem Grundbedürfnis des Kindes. Kinder werden sich später gerne an diese Gepflogenheiten erinnern und sie vielleicht selbst in ihren Familien einsetzen. Rituale sollten aber auch begründet, zuweilen hinterfragt und gegebenenfalls (im Konsens!) wieder geändert werden.

5. Eltern sollten ihren Kindern regelmäßig Geschichten erzählen oder vorlesen. Durch Geschichten – Märchen, Sagen und andere spannungsgeladene Erzählungen – lernen Kinder mit Gefühlen umzugehen (auch mit dem Gefühl der Angst).

6. Nur wer seine Muttersprache gut beherrscht, vermag auch Fremdsprachen gut zu lernen. Darum ist Eltern zu empfehlen, konsequent die mütterliche bzw. väterliche Sprache zu sprechen, zu pflegen, zu üben und wertzuschätzen. Sprachliche Mischformen sollte man tunlichst vermeiden.

7. Eltern sollten mit ihren Kindern viel spielen. Gemeinsames Spielen stärkt nicht nur die emotionalen Bindungen zwischen Eltern und Kindern, es ist auch eine der wichtigsten Methoden, Frühstimulationen einzusetzen, um die frühzeitige Ausbildung des Gehirns zu ermöglichen.

8. Eltern sollten ihre Kinder ermutigen und loben. Kritik, vor allem dann, wenn sie an der Person statt am Verhalten ansetzt, ist zerstörerisch. Vorsicht auch mit sogenannter »konstruktiver Kritik«, die zu akzeptieren eine reife Persönlichkeit voraussetzt.

9. Die allerbeste Methode, gewünschtes Verhalten bei Kindern hervorzurufen, ist, als Eltern mit gutem Beispiel voranzugehen. Und: Sie sollten ihr eigenes Verhalten begründen, damit Kinder wissen, warum die Eltern es so und nicht anders machen.

10. Eltern sollten ihre Kinder nicht *erziehen*, sondern ihnen viele Gelegenheiten geben, sich zu *entfalten*. Mit »Erziehung« meinen wir hier eine absichtsvolle manipulative Beeinflussung zu einem von den Eltern gewünschten Verhalten. Mit »Entfaltung« meinen wir die Gewährung von Gestaltungsspielräumen, innerhalb derer das Kind seine eigenen kreativen Neigungen entdecken und einüben kann, um eine eigenständige, individuelle Persönlichkeit herauszubilden.

11. Aber Eltern sollten ihren Kindern auch Grenzen setzen. Eindeutige Grenzen sind nötig, um Kinder nicht der Orientierungslosigkeit und Beliebigkeit preiszugeben. Doch Grenzen sollten nicht willkürlich gesetzt, sondern vor allem mit den Bedürfnissen und Rechten anderer begründet werden.

12. Eltern sollten sich ihrer Wertvorstellungen bewusst sein und diese ihren Kindern vermitteln. Wertvorstellungen (oder kurz: Werte) sind die geistigen und ethischen Handlungsvoraussetzungen, die wir uns (oft unbewusst) zu eigen gemacht haben und an denen wir unser Handeln ausrichten. Viele sind sich dieser Voraussetzungen nicht bewusst, handeln aber danach. Es ist besser, sie zu kennen, sie für sich und die Kinder zu begründen und – sie zu leben.

13. Eltern sollten Wert auf Spiritualität legen und diese ihren Kindern vermitteln. Mit Spiritualität ist hier weniger die soziale und rituelle Einbettung in eine Religion oder Glaubensgemeinschaft gemeint (von der Kinder sehr wohl profitieren können) als vielmehr das Bewusstsein unserer Verantwortung für heilsame Beziehungen: zu uns selbst, zu unseren Mitmenschen, zu unserer Umwelt und zu dem, der unsere Welt im Innersten zusammenhält.

3. Die Schule als Chancengeber

Von unschätzbarer und unverzichtbarer Bedeutung für die Lebensperspektiven eines Kindes ist die Schulbildung. Die Schule kann dem Kind das für ein erfolgreiches Leben notwendige Wissen vermitteln und zahlreiche Möglichkeiten und Perspektiven eröffnen. Aber sie kann auch der Ort für Frustrationen und enttäuschte Erwartungen werden.

Dies ist nicht der Ort, auf Schulsysteme, PISA-Tests oder Schulpädagogik einzugehen. Aber einige Grundsätze sollen doch aufgezählt werden, die dazu beitragen können, die Schule als Chancengeber für Kinder zu gestalten:

1. *Non scholae, sed vitae discimus.* »Nicht für die Schule, sondern für das Leben lernen wir« heißt die populäre Devise, die schon vielen Kindern ins Stammbuch geschrieben wurde, die aber vor allem, bitteschön, von der Schule selbst befolgt werden sollte! Würden mehr Schulen dieses geflügelte Wort wirklich beherzigen, ginge es Schülern, Lehrern, Eltern und Gesellschaften besser.

2. Schulen und Lehrer verstehen sich in erster Linie als Wissensvermittler. Doch was mehr im Vordergrund stehen sollte ist: das Lernen zu lernen. Kinder sollten lernen, *wozu* sie lernen sollen und *wie* sie lernen können. Kinder müssen auch wissen: Fortdauerndes Lernen ist fürs Leben sinnvoll, fürs Berufsleben unverzichtbar und kann obendrein sogar Spaß machen!

3. Die Schule ist nicht nur als Institut des Lernens zu verstehen, sondern auch als Einrichtung der Persönlichkeitsbildung und Selbstbestimmung sowie zur Förderung der Mündigkeit. Schulen sollten sich als ganzheitliche Bildungsstätten begreifen, in denen Kinder nicht nur fachliches Know-how vermittelt bekommen, sondern auch kommunikative Fähigkeiten, emotionale Intelligenz und eine Werteorientierung.

4. Lernpsychologie und Hirnforschung lehren uns, dass Kinder besser lernen, wenn die Wissensaneignung in einer angenehmen Atmosphäre stattfindet und mit positiven Emotionen verbunden ist. Lehrer müssen sich das Handwerkszeug aneignen, um eine angenehme Lernatmosphäre zu schaffen. Vernichtende Kritik und Angstmacherei durch die Lehrer hingegen aktivieren hormonelle Ausschüttungen im Mandelkern, der zentralen Schaltstelle des Gehirns, sodass Lernen mit Angst assoziiert wird. Dadurch werden Kreativität und Aufnahmebereitschaft des Kindes abgeschwächt und sogar abgetötet.

5. Lernen ist Motivationssache. Die Pädagogik unterscheidet zwischen inneren und äußeren Beweggründen (intrinsischer und extrinsischer Motivation). Innere Beweggründe (»Das wollte ich schon immer mal wissen«) bewirken ein Eigeninteresse des Schülers am Lernstoff und stärken das Gefühl von Kontrolle und Selbstbestimmung. Äußere Beweggründe werden an den Schüler herangetragen, ihm zuweilen aufgenötigt (»Wer unentschuldigt fehlt, bekommt Punktabzüge«). Innere Motivationen sind zu bevorzugen und zu stärken, äußere nur gelegentlich einzusetzen.

6. Die Lernpsychologie weiß, dass Menschen je nach Typ und Alter unterschiedlich lernen. Die Pädagogik muss darauf Rücksicht nehmen. Sie muss unterschiedliche Lerngeschwindigkeiten und individuelle Lernstrategien erlauben und fördern und auch individuelle Neigungen und Vorlieben berücksichtigen. Alle Schüler über einen Kamm zu scheren bringt Gewinner und Verlierer hervor.

7. Begeisterung ist der Schlüssel zum Lernerfolg. Lehrer und Lehrerinnen, die sich weder für ihren Lehrstoff noch für ihren Beruf, geschweige denn für ihre Schüler begeistern können, sind eher fehl am Platz. Die Begeisterung der Lehrer sollte natürlich auch überspringen und nach Möglichkeit auch Begeisterung bei den Schülern auslösen.

8. Die Schule darf nicht zum Ort des Versagens werden. Kein Kind sollte abgekanzelt, beschämt oder als Taugenichts abgestempelt werden. Kein Kind sollte wegen seiner Andersartigkeit oder seines abweichenden Lernverhaltens abgestraft werden. Insofern wäre auch ernsthaft zu fragen, ob die Praxis des Sitzenbleibens einer modernen Pädagogik noch angemessen ist.

9. Neue Formen der Leistungsbeurteilung und Leistungsbegleitung müssen erprobt werden. Leistungen sollten nicht nur nach allgemeinen Standards, sondern vor allem nach

individuellen Lernfortschritten bewertet werden. Starre Jahrgangsklassen könnten durch flexible Lernformen und Lernziele aufgebrochen werden. Kinder unterschiedlichen Alters könnten – je nach Talent und Neigung – in derselben Klasse sitzen. Ungleiche Bildungschancen würden auf diese Weise so weit wie möglich abgebaut.

10. Neuer Lernstoff sollte in vorhandenem Wissen verankert werden, um Unbekanntes mit Bekanntem zu verbinden und Neugierde und Interesse zu wecken. Es sollte auch immer wieder der Bezug zur Alltagspraxis und zum Berufsleben hergestellt werden. Es geht weniger darum, sich umfangreiches Faktenwissen anzueignen, als die größeren Zusammenhänge und Prinzipien zu verstehen.

11. Die Ungleichwertigkeit der Fächer sollte hinterfragt werden. Für das spätere Berufsleben könnte ein sogenanntes »Nebenfach« höhere Relevanz haben als ein sogenanntes »Hauptfach«. Zwar sollte es in allen Fällen Mindeststandards geben, aber auch die Möglichkeit, sich in Lieblingsfächern auszuzeichnen und es darin zur »Meisterschaft« und Anerkennung zu bringen.

12. Lehrer bedürfen eines Austauschs über Erfolge und Misserfolge im Unterricht. Dazu brauchen sie einen geschützten Raum, in dem sie voneinander lernen können. Auch sollten sie kontinuierlich mit Lernforschern und Fachdidaktikern zusammenarbeiten, um von diesen Anregungen und Hilfestellungen zu erhalten. Viele Lehrer tragen die Maske ihrer eigenen Unverwundbarkeit vor sich her, obwohl die meisten von ihnen mit ihrer Motivation und ihren Klassenverbänden zu kämpfen haben.

13. Schulen und Lehrer brauchen Qualitätskontrollen. Nicht nur mittels PISA-Tests, sondern auch durch Schüler- und Lehrerbefragungen. Eine Unterrichtsdiagnostik kann eine Gelegenheit für einen »Abgleich« darstellen, denn nur durch ein solches empirisches Diagnostikfundament wird die Motivation geschaffen, sich positiv zu verändern.

4. Die Gesellschaft als Bewährung

Erziehung und Bildung sind dazu da, das Kind auf die gesellschaftliche Bewährung vorzubereiten, damit es *in* der Gesellschaft und *für* die Gesellschaft Verantwortung übernehmen kann. In der Gesellschaft muss das Kind später seinen Platz und seine Rolle finden.

Doch die Gesellschaft ist nicht nur der Ort der Bewährung; vielmehr kommt ihr auch die Verpflichtung zu, das Zusammenleben der Menschen zu regeln, für ein faires Miteinander zu sorgen und die Prinzipien der Gleichheit, Freiheit und Sicherheit zu gewährleisten. Das Gemeinwesen hat auch die wichtige Aufgabe, für ein (jeweils zu definierendes) Mindestmaß an sozialer Gerechtigkeit zu sorgen – wozu Verteilgerechtigkeit und Chancengerechtigkeit gehören.

Da es hier vor allem um das Phänomen »Kinderarmut« geht, werden nachfolgend einige Aufgaben und Prinzipien aufgeführt, die Staat und Bürgergesellschaft beherzigen müssen, um ihrer Verantwortung gegenüber den Kindern dieser Welt gerecht zu werden:

1. Staat und Gesellschaft stehen in der Pflicht, die international vereinbarten Kinderrechte zu achten, sie durchzusetzen und Zuwiderhandlungen zu ahnden. Mit der Verletzung von Kinderrechten schadet sich die Gesellschaft als Ganze letztlich selbst.

2. Die Gesellschaft sollte tunlichst allen Kindern, besonders aber den benachteiligten (etwa behinderten oder fremdsprachigen) eine geeignete Frühförderung angedeihen lassen, damit schon zum Zeitpunkt der Einschulung ein Höchstmaß an Chancengleichheit gewährleistet ist.

3. Der Staat muss dafür sorgen, dass alle Kinder zur Schule gehen und eine qualitativ möglichst gleichwertige Bil-

dung erhalten. Dafür müssen Talentierte und Hochbegabte ebenso gefördert werden wie Lernschwache.

4. Die Gesellschaft als Ganze hat dafür Sorge zu tragen, dass Jugendliche eine angemessene Ausbildung erhalten. Jugendliche ohne Ausbildung sind eine Hypothek für die Gesellschaft. Politik, Wirtschaft und Schulsystem sollten kooperieren, um dieses Ziel sicherzustellen.

5. Der Staat muss für alle Bürger ein Mindestmaß an Grundversorgung sicherstellen. Damit ist nicht nur die flächendeckende Versorgung mit Gesundheitsdiensten, Schuldiensten und Infrastrukturen (Wasser, Strom, Abwasser usw.) gemeint, sondern auch die Gewährung eines Existenzminimums.

6. Moderne Industriegesellschaften sind auf eine Forschung angewiesen, die sich nicht nur am Nutzen orientiert, sondern am Gemeinwohl. Darum muss der Staat Forschung im Allgemeinen und Grundlagenforschung im Besonderen fördern.

7. Die Gesellschaft sollte auch dafür sorgen, dass sich Arbeit lohnt und man davon leben kann. Zur Sicherung von Mindestlöhnen müssen Gesetzgeber, Zivilgesellschaft und Wirtschaft kooperieren. Lohndumping nützt nur wenigen und schadet langfristig der ganzen Gesellschaft.

8. Die Gesellschaft muss einen sozialen Ausgleich zwischen Arm und Reich anstreben – nicht im Sinne einer sozialistischen Gleichmacherei, sondern insofern, als den Starken und Reichen vergleichsweise mehr Lasten zugemutet werden sollten als den Schwachen und Armen.

9. Der Staat muss den freien Markt schützen, nicht aber einen Raubtierkapitalismus, der um der Gier derer willen, die Geld gewinnbringend anlegen, das Gemeinwohl aufs Spiel setzt. Geldvermehrung sollte nicht auf Kosten der Arbeitnehmer und der Steuerzahler möglich sein.

10. Der wohlhabende Industriestaat hat schon aus eigenem Interesse für einen Ausgleich zwischen armen und reichen

Staaten zu sorgen. Gemäß den Millenniumsentwicklungs-
zielen bedarf es dazu einer fairen Partnerschaft zwischen
Geberländern und Entwicklungsländern.

11. Staat und Gesellschaft müssen einen aktiven Beitrag zum
Frieden in der Welt und für die friedliche Lösung von Konflikten leisten. Konfliktprävention ist besser und billiger
als die Befriedung bewaffneter Konflikte.

12. Der moderne Staat muss sich als Glied von Bündnissen
verstehen und insofern auf einen Teil seiner Souveränität
verzichten. Nicht nur regionale Bündnisse sind zu stärken
(wie die Europäische Union oder die Afrikanische Union),
sondern auch globale.

13. Staat und Gesellschaft haben eine entscheidende Verantwortung für Umwelt und Klima und damit für eine
nachhaltige Ökologie und Ökonomie. Wir sind nicht nur
für uns selbst verantwortlich, sondern auch für unsere
Kinder und die gesamte Schöpfung.

Schluss

Kinderarmut hat es schon immer gegeben. Doch Kinderarmut in ihrer extremen Form ist – nach den heutigen Standards – eine Verletzung von Kinderrechten. Kinderarmut ist nicht nur ein Phänomen der Entwicklungsländer, sondern verstärkt auch eine beklagenswerte Erscheinung der »Wohlstandsgesellschaften«. Wir sollten Kinderarmut nicht mit Gleichgültigkeit hinnehmen, sondern alles in unserer Macht Stehende tun, um sie zu verhindern, zu minimieren und zu bekämpfen.

Kinderarmut hat makroökonomische Ursachen ebenso wie sie ihre Wurzeln in einem sozioökonomischen Umfeld am unteren Rand der Gesellschaft haben kann. Kinderarmut kann sich von einer Generation auf die andere fortsetzen: Kinder aus armen Familien finden sich mit ihrer Armut oftmals resigniert ab, zumal sie weder die Mittel und die erzieherischen Voraussetzungen noch die Motivation oder Erwartung haben, aus ihrer sozialen Schicht herauszuwachsen.

Dennoch: Es gibt einen Weg aus dem Teufelskreis der Armut! Wenn Eltern, Schulen, Politik und Gesellschaft ihren jeweiligen Beitrag leisten, um allen Kindern Chancengleichheit zu ermöglichen. Und auch, wenn Kinder ihr eigenes Potenzial erkennen und die richtigen Weichen für ihre Zukunft stellen. Kinderarmut muss kein Schicksal sein! Wir haben das Problem der Kinderarmut erkannt, wir haben es analysiert und sogar Wege aus der Krise aufgezeigt. Kinderarmut ist keine Zwangsläufigkeit. Kinderarmut ist vielmehr eine Herausforderung für die Politik, die Religion und die Gesellschaft als Ganze, eine Herausforderung, der wir uns alle zu stellen haben.

Literaturhinweise

- Andresen, Sabine und Fegter, Susann: *Spielräume sozial benachteiligter Kinder*, Bepanthen-Kinderarmutsstudie 2009, Bayer Vital: Bielefeld/Leverkusen 2009.
- Ben-Arieh, Asher et al.: *Measuring and Monitoring Children's Well-Being*, Kluwer Academic Publishers: Dordrecht 2001.
- Bangert, Kurt: *Der Traum von einer besseren Welt. Warum die Bekämpfung der Armut neue Wege gehen muss*, Johannis Verlag: Lahr 2006.
- Bangert, Kurt und Weiss, Sönke C.: *Janet und der Graue Tod. Kinder in einer Welt mit AIDS*, Johannis Verlag: Lahr 2007.
- Bangert, Kurt und Schirrmacher, Thomas: *HIV und AIDS als christliche Herausforderung*, 2 Bde., Verlag für Kultur und Wissenschaft: Bonn 2008.
- Dietz, Alexander (Hg.): *Reichtums- und Armutsbericht für den Hochtaunuskreis*, Ev. Dekanat Bad Homburg und Usingen 2005.
- *Doing Better for Children*, OECD Report, OECD Publishing 2009.
- Gordon, David et al.: *Child Poverty in the Developing World*, The Policy Press: Bristol 2003.
- Harper, Caroline und Marcus, Rachel: *Child Poverty in Sub-Saharan Africa*, Save the Children Fund (UK) 1999.
- Hunfeld, Frauke: *Und plötzlich bist du arm. Geschichten aus dem neuen Deutschland*, Rowohlt: Hamburg 1998.
- Hurrelmann, Klaus und Andresen, Sabine: *Kinder in Deutschland 2007. 1. World Vision Kinderstudie*, Fischer: Frankfurt/Main 2007.
- Hurrelmann, Klaus und Andresen, Sabine: *Kinder in Deutschland 2010. 2. World Vision Kinderstudie*, Fischer: Frankfurt/Main 2010.
- Innocenti Research Centre (Hg.): *Child poverty in perspective. An overview of child well-being in rich countries*, Innocenti Report Card 7, UNICEF 2007.
- *Kinder und Aids. Herausforderungen und Antworten in der Entwicklungszusammenarbeit*, Aktionsbündnis gegen Aids (Hg.) 2008.
- Layard, Richard und Dunn, Judy: *A Good Childhood. Searching for Values in a Competitive Age*, Penguin: London 2009.
- Mehrotra, Santosh: *Improving Child Wellbeing in Developing Countries. What do we know? What can be done?*, Paper commissioned by Childhood Poverty Research and Policy Centre (CHIP) of University of Manchester/Chronic Poverty: London 2004.

- Pogge, Thomas: *World Poverty and Human Rights*, Polity Press: Cambridge, U. K. 2008.
- Serra, Renata: *The Demographic Context and its Implications for Childhood Poverty,* Childhood Poverty Research and Policy Centre (CHIP), CHIP Report No. 5: London 2004.
- Sider, Ronald J. und Unruh, Heidi: *Hope for Children in Poverty. Profiles and Possibilities*, Judgson Press: Valley Forge, PA 2007.
- Siggelkow, Bernd und Büscher, Wolfgang: *Deutschlands vergessene Kinder,* GerthMedien: Asslar 2007.
- *The Role of Cash Transfers in Tackling Childhood Poverty,* CHIP Policy Briefing 2, Save the Children, Chronic Poverty Research Centre, www.chronicpoverty.org.
- Voss, Huberta von: *Arme Kinder, reiches Land. Ein Bericht aus Deutschland*, Rowohlt: Hamburg 2008.

Anmerkungen

[1] Kinderreport 2007.

[2] Wochenbericht des DIW Berlin Nr. 7/2010: »Weiterhin hohes Armutsrisiko in Deutschland: Kinder und junge Erwachsene sind besonders betroffen.«

[3] Genau genommen wird nicht das Durchschnittseinkommen (auch Mittelwert genannt) zugrunde gelegt, sondern der sogenannte Medianwert, der eine Verteilung in zwei gleich große Hälften teilt. Der Medianwert hat im Vergleich zum Mittelwert den Vorteil, dass er gegenüber extremen Ausfällen stabiler bleibt.

[4] Huberta von Voss: *Arme Kinder, reiches Land*, Rowohlt: Hamburg 2008, S. 30.

[5] A. a. O., S. 19.

[6] Ebd.

[7] Meyer-Timpe: *Unsere armen Kinder:* München 2008,

[8] Irina Bohn: »Respektlos und ausgrenzend behandelt. Formen und Ursachen von Kinderarmut aus der Sicht einer Einrichtung der Arbeiterwohlfahrt (AWO) zur Tagesbetreuung von Kindern im Usinger Land«, in: Alexander Dietz (Hg.): *Reichtum- und Armutsbericht für den Hochtaunuskreis:* Bad Homburg/Usingen 2005, S. 99.

[9] Ebd.

[10] Ebd.

[11] A. a. O., S. 100.

[12] Siehe Kurt Bangert: *Der Traum von einer besseren Welt. Warum die Bekämpfung der Armut neue Wege gehen muss,* Johannis: Lahr 2006, S. 225.

[13] Aktionsbündnis gegen Aids: *Kinder und Aids. Herausforderungen und Antworten in der Entwicklungszusammenarbeit:* Tübingen 2008, 4. Umschlagseite.

[14] A. a. O., S. 11.

[15] Meyer-Timpe, a. a.0; S. 19.

[16] In Wirklichkeit ist die Diskrepanz noch größer, weil sich das Durchschnittseinkommen der Gesamtbevölkerung ja auch unter Berücksichtigung des niedrigen Einkommens der relativ Armen errechnet. Würde man dieses zum besseren Vergleich herausrechnen, so ergäbe sich ein höherer Durchschnittswert der Nicht-Armen und damit eine höhere Diskrepanz zwischen Armen und Nicht-Armen. Die Kosten der Armut wären noch höher anzusetzen.

[17] Caroline Harper und Rachel Marcus: *Child Poverty in Sub-Saharan Africa,* Save the Children Fund (U.K.) 1999, S. 6.

[18] A.a.O., S. 4; siehe hier auch den Verweis auf A. James und A. Prout (Hgg.): *Constructing and Reconstructing Childhood*, Falmer Press: London 1997.

[19] Siehe Harper & Marcus: *Child Poverty in Sub-Saharan Africa,* S. 5.

[20] Ebd.

[21] A.a.O., S. 6.

[22] Jane Backhurst, Sarah Collen und Helen Young: *Small Voices, Big Concerns. A Child Rights Approach to HIV/AIDS,* World Vision EU Liaison Office: Brüssel 2004, S. 13.

[23] European Council Conclusions. Luxemburg, 25. Juni 2001, zitiert nach: a.a.O., S. 13.

[24] Vienna Declaration, Artikel I,14.

[25] Vienna Declaration, Artikel I, 25.

[26] Dieses Prinzip hat das Bundesverfassungsgericht in seiner Entscheidung zu Hartz IV zur Anwendung gebracht; siehe dazu das Kapitel 9.

[27] David Gordon, Shailen Nandy, Christina Pantazis, Simon Pemberton und Peter Townsend: *Child poverty in the developing world,* Policy Press: Bristol 2003.

[28] A.a.O., S. 4.

[29] A.a.O., S. 5.

[30] Ebd.

[31] UN Economic and Social Council, 1998, zitiert nach a.a.O., S. 5.

[32] Siehe a.a.O., S. 4.

[33] So z.B. der indische Wirtschaftswissenschaftler und Nobelpreisträger Amartya Sen; siehe a.a.O., S. 6.

[34] Bei der minus 3-Standardabweichung, die bei Gordon et al. nicht weiter erläutert wird, dürfte es sich um Einheiten des sogenannten Z-Faktors handeln. Die Werte beziehen sich dann auf Größe/Alter und Gewicht/Alter.

[35] Für weitere Informationen über direkte Sozialhilfe für Kinder siehe: *The Role of Cash Transfers in Tackling Childhood Poverty,* CHIP Policy Briefing 2, Save the Children, Chronic Poverty Research Center, www.chronicpoverty.org. Siehe auch: Kurt Bangert: »Hartz IV für Waisen und gefährdete Kinder?«, in: Kurt Bangert und Sönke C. Weiss: *Janet und der Graue Tod. Kinder in einer Welt mit AIDS*, Johannis: Lahr 2007, S. 164.

[36] Siehe: »Stunting linked to impaired intellectual development«, in: UNICEF State of the World's Children 1998, Panel 13. Siehe unter: www.unicef.org/sowc98/panel3.htm (18.05.2010).

[37] Ebd.

[38] Ebd.

[39] Die Liste der Maßnahmen verdanke ich persönlichen Gesprächen und Auflistungen meiner früheren Kollegin Juliane Friedrich.

[40] Für eine umfassende Darstellung des Problems der Waisen und gefährdeten Kinder in einer Welt mit AIDS siehe: Kurt Bangert und Sönke Weiss: *Janet und der Graue Tod*.

[41] Siehe: Preamble to the Constitution of the World Health Organization as adopted by the International Health Conference, New York, 19–22 June, 1946; signed on 22 July 1946 by the representatives of 61 States (Official Records of the World Health Organization, no. 2, p. 100) and entered into force on 7 April 1948.

[42] Siehe: »WHO estimates of the causes of death in children«, in: Lancet 2005, 365, S. 1150.

[43] Interview mit Wolf Südbeck-Baur, »Sie warfen Brotreste über den Stacheldraht«, in: Publik-Forum, 26. März 2010, S. 16.

[44] Kinderrechtskonvention, Art. 29, Abs. 1a.

[45] Die Zahl 75 Millionen wird von der Globalen Bildungskampagne angegeben. Siehe: www.bildungskampagne.org oder: www.campaignforeducation.org. Andere Statistiken sprechen von über 100 Millionen.

[46] Siehe dazu die Globale Bildungskampagne unter: www.campaignforeducation.org.

[47] World Vision spricht von *Early Childhood Care and Development* (ECCD) oder von *Early Childhood Care and Education* (ECCE). Siehe dazu das Papier *Early Childhood Education Sub-Group* der World Vision Education Taskforce for Transformational Development, 2002 (unveröffentlicht).

[48] Alois Wolkinger: »Spiritualität und spirituelle Theologie als Disziplin«. Siehe unter: http://www-theol.uni-graz.at/cms/dokumente/10001252/8704b29a/spir.text.pdf (April 2010).

[49] Englisch: »Awareness or Awakening«, »Interconnecting and Belonging«, »A Way of Living«. Zu finden in: The Center for Spiritual Development in Childhood & Adolescence: »What is Spiritual Development«, http://www.search-institute.org/system/files/What+Is+Spirit+Dev.pdf (April 2010).

[50] World Vision (Hg.): »Spiritual Nurture Policy«, Monrovia, Kalifornien, 2009.

[51] Artikel 12 der Kinderrechtskonvention.

[52] Artikel 13 der Kinderrechtskonvention.

[53] Gerison Lansdown: »Participation and Young Children«, in: Jim Smale and Teresa Moreno: *Young Children's Participation. Rhetorik or Growing Reality?* Early Childhood Matters, Vol. 103, S. 11.

[54] Sabine Andresen et al.: »Wie geht es unseren Kindern? Wohlbefinden und Lebensbedingungen der Kinder in Deutschland«, in: *2. World Vision Kinderstudie. Kinder in Deutschland 2010*, Fischer: Frankfurt/Main 2010, S. 40.

[55] A. a. O.,S. 38.

[56] *1. World Vision Kinderstudie. Kinder in Deutschland,* Fischer: Frankfurt/Main 2007, S. 22.

[57] Andresen et al: »Wie geht es unseren Kindern?«, S. 25.

[58] Guido Westerwelle: »Ungelöst: Das neue Hartz IV. Gastkommentar«, in: Die Welt, 12.02.2010.

[59] Art. 1 Abs. 1 GG.

[60] Art. 20 Abs. 1 GG.